這樣愛，很好

每個人都有過去，
回憶能讓現在的生命微笑，
才算沒有白活過。

素黑

前言

收錄在這裡的文章，來自素黑在am730和香港商報的專欄，部份貼於中國新浪網的「素黑黑洞博客」上，迅即引來熱烈迴響，點擊超過百萬，留言者異常踴躍，成為交流心性體驗和愛的熱點平台。

歡迎加入，分享身心靈的愛：

素黑黑洞博客：http://blog.sina.com.cn/suhei

目錄

我其實很渺小　自序　19

二人愛

人為何要戀愛　26
愛到何時才叫愛　28
戀愛的意義　30
甚麼是愛　31
情為何物不能問　33
你在戀愛還是逃避　35
所謂真正深愛　37
妳想做情聖　39
希望是他最後的女人　40
有選擇便有取捨　42
分手也是朋友很虛偽　44

怕分手男友過得好 45
如何和舊愛相處 47
嫌棄也是戀愛方式 49
寧死不放手 50
該來的總會來 52
愛隻貓愛隻狗 54
關係＝翻閱周刊的快感 55
女人的虛榮 57
愛妳≠懂得保護妳 59
不做絕望女人 61
男人的脆弱 62
男人的承諾有限期 64
30×18的男女混交 66
失戀男人的私密感情 68

男人切手指的啟示 70
男人的生理還未進化 71
別妄想修補男人 73
不忠是害不是錯 74
誰比誰花心 76
單有愛是不夠的 78
愛女人是藝術成就 80
兩性溝通的真相 81
不能談的不要勉強 83
當妳已經不愛他 85
表達情感很重要 87
亂性前請記得三個字 89
戀愛急不來 91

自傷愛

無條件付出，別傻了 96
總有戀上自虐的女人 98
負負不會得正 100
替愛判症的死穴 102
最怕無動於衷 104
我怕痛，但我嗜痛 105
你未經歷過我的痛 107
愛到心痛原是快感 109
愛得痛苦，因為太幸福 111
難過比痛苦好 112
不夠痛還算愛嗎 114
對妳越差越愛他 116
越墮落越無賴 118

賠錢的愛情 119
沉迷但不享受是假的 121
是妳想壞了 123
別追求病態 124
別迷戀傷口 126
別助長負面意識 128
別介入人家的生命 130
別死守婚姻 131
別讓欲望大過愛 133
固執害死你 135
路走得很孤獨 137
孤獨vs合群 138
愛是孤獨的 140
無人明白我 142

我們活在自己的世界裏 144
相愛不一定能一起 146
懦弱也是一種欲望 148
自戀與悲觀 150
一個人過節 151
很配≠可以愛 153
愛到失眠 155
為方便而愛 157
生日病 158

靜心愛

怎樣才算自愛 162
愛到把心也溶掉 164
自愛VS自戀VS自私 166

等誰拯救等誰愛 168
要做愛的太陽 170
你是黑暗和光明 172
感情用事的真相 173
超越性慾可以嗎 175
轉化欲望能量 176
超越個人滿足 178
修補壞關係 180
叮熱變冷的關係 182
自療的力量 185
選擇退步不會好過點 186
我們都想做好人 188
別否定自己 190
你其實可以很富有 192
把執著吹走 194

學習放過自己 196
專一的真相 198
妳所想騙了妳的心 200
口不對心的禍 203
打開自己的心 205
心一直很愛我們 207
知道但是做不到 209
治療愛，是一種修養 211
憂鬱症難醫的真相 213
儲備正面能量 214
開放潛藏的能量 216
找個依靠點 218
愛愛小我 220
尋找是會上癮的 222
情感消費≠治療 225

吃出情緒病 227

修行愛

從傷害中學習愛 232
從傷害中成長 234
溫柔的力量 236
絕望 vs 信望愛 238
如何觀照靜心 240
一場福氣一場孽 241
面對自己很艱難 243
容己才能容人 245
包容≠親近所有人 247
貴人=小人？ 249
每個人都有過去 250

是選擇還是天意 253
嫁禍童年陰影 255
麻木是愛的死穴 257
付出讓生命發亮 258
懦弱才會怨父母 260
來此生玩一趟 262
無條件快樂 263
開心容易心開難 265
強壯的人才能愛 267
過門也是客 268
黑，有道理 270
信仰與心魔 272
入心的平靜 273
你還能相信誰 275
別為世界增添垃圾 276

80歲的美麗 278
尊嚴便是快樂 280
凡人走凡人的路 282
別跟自己過不去 284
人，必須長大 286
把心情轉一轉 288
愛=緣份+智慧 290
這樣愛，很好 292

自序

我其實很渺小

博客上讀者常常關心地問我：「妳面對的都是負面的個案，妳的心能收留那麼多的不安和沮喪嗎？」

回應求助不是我的工作，是我修行的旅程。我也問自己，我能承擔多少？奉獻多少？坦白告訴你，我也無能為力。我能付出的，其實比浪花還渺小。

我無法幫助別人，因為我也跟你一樣，還有很多盲點，充其量只能分享我的生命體驗，對愛的信念。

每個人也只能面對自己。

很多人問我是否快樂，你是我，你會怎樣回答？

我愛生命的熱量，我享受快樂，我不拒絕悲傷，會因為看到街頭可愛的小貓傻笑一整天，也會因為看到世上的不幸哭到心碎。我愛人，愛世界，可更多時候為人和世界而難過。

也有人不了解，以為我每天在家中寫寫稿，回回讀者來信，生活逍遙好優越。

有自覺優越的治療師、學者和宗教家，從教化和改變別人的過程中掏取快感。我慶幸沒有這種臉皮的厚度。我寧願承認我還有自我，不想虛偽地告訴你我其實很謙虛；也不想瞞你，我雖然擁有很多人羨慕甚至生畏的堅強和清醒，但更多時候我比任何人都軟弱和難受。感到優越是可恥的，面對這個瘋狂到不可理喻的世界，麻木到只剩下互相消費的貪慾愛恨，我只感到比海更深深深的無助。

有惡人警告我，因為一向啞忍他的妻子自從讀了我的書後便說要自愛離開他。

有狂人說女友背叛了他，是我的存在破壞了他和女友原先約定雙雙自殺的計劃，說要把我殺掉。

有人因為無法獨享我的愛，惱羞成怒指責我對他和其他人的關懷不過是為個人名利。

有人感到絕望厭世來找我希望自救，約好見面，結果她沒等到便離開人世。

有曾經自殺的十來歲女孩，好不容易重燃對生命的熱愛，卻馬上要面對惡病的折騰，生死一線，臨做手術前給我寫了最後一句話：多謝妳陪伴我長大，我一定會康復回來。

我流淚了。想起我深愛的專輯，Pink Floyd 的 Wish You Were Here。

那天愛人抱著我給我看Youtube上Linkin Park的新歌What I've Done。啊，社會大概只有搖滾音樂還剩下點點向世界控訴是甚麼讓生命失去尊嚴的力量。

我要重新開始
不管有多痛苦
我要面對自己
擦去經已形成的自己
放下自己所做過的
原諒自己所做過的……

我們就是缺乏重新開始和承擔自己的勇氣。一切愛情問題都是假的，到底是甚麼讓我們活得那麼虛弱和貧乏？

假如我的文字我的心真有點甚麼力量的話，我想，應該是我還不讓自己麻木，沒有放棄，信念是最大的愛。

我沒有做過甚麼，我只是超級耐性地掏出一顆心聆聽了，簡單的回應了，因為我們都活得太複雜。我無法幫到任何人，也沒有那種超越人性的神能。我經歷過你們經歷著的，但我沒有答案。我和所有人一樣，還在經歷中。我甚至不知道愛的真理，我只能陪大家走一段，一起看風景，從宇宙能量中發掘活著的智慧和喜樂。

這樣愛，很好。

素黑　2007.06

二人愛

不靠承諾還可相愛的，
愛才真正出現過。

二人愛

人為何要戀愛

很多人都搞錯了，以為戀愛是為得到被愛和去愛人的幸福，所以很重視對方的存在。對，這種幸福是戀愛的其中一種結果，也是最為人期望的結果。不過，這期望容易演變成執著擁有對方，因此衍生大部份的愛情衝突。

每段戀愛過程都可以很獨特，因為每個人都很獨特，同時也相當複雜，擁有各自的過去和現在，所承受的家庭背景和壓力，還有個人性格上的好與壞……

戀愛，本來便是去體味人生，從自己在獨特的對方身上所投射的欲望，看清楚自己的限制、弱點，和人性的真面目，從中學習成長，體驗來此生的真意義，也從付出的過程中，學習自我進步和感恩。

可是大部份人都以為戀愛只是找個深愛的人和他在一起，不再孤單，享受幸福。對，當你和對方都有成熟的能力和意願去愛時，愛是可以提升至享受福樂的理想，可是，太多人都看不到福樂，在相處過程中只顧挑剔和要求，老是不知足，盲目地糾纏於負面關係中，沉溺和怨懟，製造不幸，犧牲了愛。

愛的本身是個人的修行，借另一個人調校雙方的能量。你得從愛中看穿和修理自己，才算沒有錯愛過。

愛到何時才叫愛

很多人問：我喜歡他，他喜歡我，這樣叫做愛嗎？怎樣才算可以放心去愛，真正相愛？

其實愛沒有標準。單憑感覺可以叫愛，但不夠深刻便容易動搖。再者，即使已抱有深刻的感覺，可以稱之為愛情，卻未必感到安全，總是患得患失。

原來愛情之上還有更大的愛，那是對生命的信念。

一般人的愛情軌跡是投入、付出，須要時間和耐性。超然的愛可以超越時間，但不是這裏討論的範圍，因為我們還沒有能力領會。

愛是當大家相處很久，懂得互相體諒和付出後，才會孕育出來的果實，在此以前

的都談不上是愛，那只是感情上、性別上、肉體上的慾念磨合過程而已，甚至可以說是由自我中心演變而成的產品，是我們借另一個人滿足自己被接受、認同和奉承的感覺。

再深入的愛，能超越自我的層次，那又是更遠的天空，平凡的我們，先不要好高騖遠。

愛情初段難免是建立關係的感情投資，這也不壞，不要吝嗇。沒有付出，我們也不懂得應怎樣去瞭解一個人，跟一個原來陌生的人相處，看到更陌生的自己。透過相處我們知道痛苦，感受喜樂，看到執著，自我成長，明白人生。這時，愛才真正出現。

戀愛的意義

朋友暗戀一個已有男友的女孩，心亂如麻，無法安定情緒，每次想起她便會撩亂心神，然後自怨自艾，覺得自己很無用。

每個人大概都這樣戀愛過吧。當所愛未能在身旁，你會否定自己，感到人生失去意義。可以把負面的情緒反過來利用嗎？心亂時，學習轉化能量，感謝對方讓你有掛念和愛慕的機會和勇氣。這是戀愛對象存在的價值：重點不在對方是否在身邊，而是其存在的本身已經是你的福氣，讓你活得更積極更有意義。朋友說：「對，事實上在她未出現之前，我已很久沒經歷過這種感覺了。是的，現在的我很幸福。」

當你的心緒還未定下來，沒有能力戀愛。記著，**你不是要擁有對方，而是需要愛。戀愛需要耐性和包容，也是最孤獨的人生旅程**。但每個人都寧願上路，因為沒有愛的渴求，生命將索然無味，失去靈魂。

對自己說：我是幸福的，因為我找到所愛。

先從自愛開始，建立信念，心定下來，便可以去愛，或者，最起碼你已不再是沒有愛的蜉蝣了。戀愛一定要堅實，不然便是毫無力量。

每天對著鏡子向自己溫柔地微笑一下，給自己一點正面的鼓勵，愛的天空自會打開。

甚麼是愛

這個問題吧，最好別多問，不過，你不會就此罷休的。你雖然知道，關於愛的一切，根本沒有答案，但你還是太認真去問，太在意尋找答案，明顯不過是執著。

不過，若你說服自己，你有生理和心理需要問這個問題，你大抵也準備因愛之名當一輩子傻瓜。那就算了吧！

說這些，因為十多年來身邊一直有朋友、學生及讀者一本正經地問我這個老問題。「甚麼是愛？」很遺憾（或者應該慶幸？），這個最切身，對人類影響最深遠的問題，居然沒有演變成學制的必修課，更沒有發展正規的愛的治療。

要知道，很多病理，很多問題，源頭皆在人在尋求愛的過程中出現了問題。愛的死結若得到疏解，根本不需要吃藥休息，病痛自然消失。

我早年辭掉了工作，大半是為專心研究一套治療愛欲困擾的臨床方法，希望整合人的心理和生理，讓人重新回到身體最神聖也最自由的狀態。

關於甚麼是愛這個問題，其實我們只可以用模擬處理，因為它沒有直接對應的語言系統，不能被歸納成為普遍性的解釋和界定，正因為它的無窮開放性，能創造變幻不定的獨特體驗。你這刻可以感受到愛是個海洋，下一刻又可以視之為穿心劍，在乎你的情緒狀態和跟自己的關係的好與壞。

愛永遠只能被靠近（approach），不能被固定下來，我們只能用接近內心的情感狀態形容愛。因為愛是永遠開放的，也因此永遠最包容，最珍貴，最靈活，不致被貧乏的語言固定甚至厄殺死，也因為這開放的特性，愛讓我們成長，超前，看到生命的奇蹟。

切實體驗過愛，你便明白甚麼是自由。

情為何物不能問

人有一部份痛苦經驗是源於思想過份複雜，問錯問題。

要了解自己有沒有問錯問題，先要了解甚麼是問題。

問題大抵可以分為兩種，一種是有客觀答案的，另一種是由個人出發，答案因人而異，甚至不能回答。前者叫問題(question)，後者叫難題(problem)。

譬如「情為何物？」、「愛是甚麼？」等，這些都是難題。難題不是每個人有智慧洞悉或承受的，我們應盡量避免客觀化有關愛情的種種難題。有些問題最初是「問題」，再問下去便是「難題」，自尋煩惱。譬如：「人為何需要性伴侶？」、「人為何需要戀愛？」這些可以是科學的問題，答案是人有性和愛的生理需要，再問下去便是難題：人為何不滿足於性和愛。問到這裏，你便知道不能有普遍性的，絕對客觀的答案，有的話也是以遍蓋全的，你迷信了，依著答案改變自己，也不保證愛從此降臨，這點在你過量地讀男女關係書籍後還愛得受罪就知曉了，只是你不忍心承認而已。

情為何物？大家不用問別人，應該問自己，對應自己的生命便足夠。

愛不靠認知，需要經歷和修養。在問題前加個「我」，你才肯真正面對自己：「我為何渴求性？」「我為何依戀他？」「我應該獨身還是結婚？」……答案，視乎你的個人需要和承擔能力，不要勉強。

有時先把問題放下，才能多走一步，這是面對問題的智慧。

你在戀愛還是逃避

甚麼是愛？我和他的算不算愛？

太多人問我類似的問題，問題比愛的本身更被重視。

愛是漫長的路，前後左右有很多方向，容易停步或迷路，步不進則退。

我常說，真正的愛是雙方心智上的進步，很多人還是不明白吧。

比方，你遇上不如意事，借愛情得到暫時的安慰，以為擱置問題便是解決。結果對愛人要求越來越多，因為人生不如意事太多了，總嫌愛遮掩不夠。

要求、失望、埋怨，可憾把愛悶死。

想找個可慰藉的人哄哄自己，逗自己開心，便是所謂「在一起，無非都是想開開心心」的廉價戀愛觀。

能找到令自己開心，放鬆的伴侶很走運，不過開心並不等同相愛，問題還未真正解決。當他未能安慰你全部的不快時，你開始覺得他不足夠，他不夠愛你，或者原來你不夠愛他。於是問題又來了：我和他算不算愛？甚麼才算愛？

看清楚自己的問題吧：你在逃避成長，借愛情自我包庇，結果當然沒出路，一切都是假象。

事實卻是你意想不到的：你們從來沒愛過，只有同行或同床關係。

愛是步向成熟的智慧旅程，不是逃避長大的稚童。看你選擇進步還是退步。一切，都是選擇。

所謂真正深愛

某讀者問：「為甚麼一個女人明知自己有男友或老公，還是越過那條危險的線搞婚外情，覺得那才是自己真正深愛的人，放不下，離不開，可惜無緣相愛，痛不欲生呢？人戀愛，到底為甚麼？」

遇上婚外情，不忠戀，原因有很多，可能是貪情，可能是貪性，可能是孽緣，也可能只是太脆弱，或者是虛榮，得不到的永遠最美，甚至可能是終於找到真正的深愛。

到底走對了還是錯了？誰人有比自己更雪亮的眼睛？誰能看穿自己所謂愛，到底是無私的分享還是一己的欲望？

當你還未真正愛過自己，感受過自由的流動愛戀狀態時，所謂真正深愛，可能只是純粹欲望的陷阱，喪失自控的病態，你卻執迷不悟往死裏投入耗損能量自作孽，然後質疑愛的本身，那還談甚麼深愛不深愛呢！

人戀愛到底為甚麼？愛是情感的需要，能量的泉源，也是希望的光。因為世事不完美，因為人容易脆弱，愛的存在能提升生趣，賦予生命的意義。

愛能有強大的能量，吊詭地同時也擁有強大破壞力，於是，愛的背面便是恨，享受的另一面是折磨，付出的同時是佔有，這是陰陽二氣相附也相剋的結果。

能看穿愛的流向，能平衡和平靜自己的心，才能真正深愛。

妳想做情聖

自覺良善的H說不懂得拒絕追求者，因為不想傷害人，可潛意識其實可能只想讓對方對自己留有美好的印象。結果她選擇同時和很多人戀愛，老是擔心會傷害，會失去。

很多人像她一樣，以為自己需要很多愛，可以去愛很多人，其實只不過是怕見鬼想找人陪伴的膽怯需要而已，又或者因為害怕失去，所以寧願同時擁有很多伴侶，又是正選又是後備，原來是妳不斷貪擁新衣新鞋、慣性補充新零食、買一大堆無謂小玩意的病態變奏，安撫妳空虛的心靈罷了。

唉，不過是對愛情假像投射的物質性真實吧。說白了，妳只是在搜集男朋友，並不是戀愛。

妳為何需要愛？這是妳急需重新自問的問題，因為妳早已遺忘愛的大前題，早已把愛變成擁有伴侶的假充實感覺。

所謂怕失去是假的，反問自己，妳到底得到過甚麼？除了不斷增加的不足和焦慮感外，妳一無所有。很諷刺吧！妳以為已擁有很多愛所以怕失去，可偏偏妳從來沒有真正愛過，只想塑造完美的自己，借伴侶的存在成全妳自製的情聖角色，妄想被戀人一世記住，渴求和關懷。瞧，妳其實多麼自私。

怕失去是假的，怕戀愛才是真的，因為妳不想真正付出，只貪戀別人的心。

愛情是神聖的，貪戀卻是心魔。

希望是他最後的女人

明知男友的心已不在，還要等待一個「選我還是選她」的殘忍答案，偏偏，妳還是委屈地等待著，希望奇跡出現，他千錯萬錯妳也不再追究，只希望他最終還是選擇自己成為他最後的女人。

瞧，這便是女人最大的盲點，也是最後的好勝。自我啊！最終誰才是輸家？妳大抵心裏最清楚。

「明天，他說會給我答案，告訴我他選擇的是我還是她！直至今天，撫心自問，即使負心的是他，背棄我的是他，我仍未心息，仍在等他說我想要的答案！怎麼辦？一切都亂了陣腳。我恐怕再一次聽到殘酷的答案。」

妳真正害怕的，其實是放下他後的自由，因為需要面對自己，無法再借愛情任性和依賴。三萬分吊詭吧！

很多女人都說自己放不下，不甘心。學歷很好，條件優越的女人，偏偏過不了感情這一關，沉溺自虐，失去理性，到底是甚麼一回事？

因為怕一個人，面對自己。別搞錯，這是惰性，跟愛無關！又害怕，又要自製痛苦的陷阱，算來算去只是自作孽而已。等待戀人是自製的陷阱，志在拖延時間，逃避現實。是問對方會選擇誰的問題本身出錯了，那還等答案幹嗎？

妳其實只有一個答案：別等待，馬上放下，自愛。

有選擇便有取捨

V告訴我，離他而去的前男友突然回來要求復合，可惜她在他回來前幾個月已戀上新男友。思前想後，還是覺得最愛舊男友，卻不忍心拋棄新男友，不想當罪人。

所謂最愛，不過是失而復得不想錯失的感情假設。不忍心做罪人拋棄新男友才是她現在的道德困局。

每個人都不想被拋棄，也不願意先拋棄別人當罪人。偏偏，愛情路上到處是孤兒，孤兒長大後都立心想做天下最負責任最愛孩子的父母，因為曾經痛過，知道痛之苦。可是，愛情是殘酷和自私的，你好想忠心耿耿去愛一個人，最終還是被拋棄，或者你狠心拋棄人。

愛情裏沒有純潔無瑕的聖人，因為我們都只不過是滿身欲望和限制的平凡人。

需要選擇的愛是假愛，你希望揀選的只是關係不是愛。有選擇便有取捨，有取捨便有遺憾，有遺憾便有補足的欲望。

人就是人，從來不是自由的動物，以為透過選擇便能得到較大的自由，可過程並不一定快樂。

貪得無厭不可能帶來美滿的愛情。能找到最完美的情人嗎？別傻了，不如先瞭解自己的限制，別浪漫化感情關係。懂得選取比不願放下更能享受愛。

分手也是朋友很虛偽

G和男友分手已年半，突然好奇他的近況，便以「普通朋友」身份打電話給他，試探他心裏是否還有自己，卻換來他刻意地劃清界線，電話中途還跟身旁人打鬧分心。她感到受傷：「即使普通朋友也應有多點關懷吧，他已忘了我們的過去嗎？他為何不能待我好一點，溫柔一點呢？男人都像他一樣容易忘情嗎？」

G到底還想要求甚麼呢？對於過去的感情關係，她在年半後再度勾起，貪戀被重視，被關懷的感覺，還要求親密的回應，希望對方最好待自己溫柔一點，最好還表示不忘情，還很想念她，這樣她便滿意了吧。小心，這是很多女人喜歡把玩的欲望遊戲，自討苦吃，也煩了別人，原因只不過是因為突然熬不住空虛放不下，想靠幻想舊愛對自己還未忘情來安慰自己，自我肯定，其實因為自己怕寂寞也太虛偽，妄想借舊情人充實自己一時的感情虛空。

前男友沒有甚麼問題，也沒有義務和責任甚至人情要待她特別好。分手便是分手，朋友便是朋友，她卻懷著重建愛戀感覺的非份之想，發表那些表面大方覺得自己很瀟灑，卻怪對方太小器之類的假情義大道理。

要是真的放下，才不再眷戀過去，不再靠復活過去療養當下的情感真空。

怕分手男友過得好

分手，再順理成章不過的自然定律，從來是積極正面多於不幸的。合不來，勉強不來的關係，最美好的結局便是分手。

可是，我們都害怕分手，甚至在熱戀中憂慮將來分手的痛苦，自尋煩惱。終於「如願」要分手了，很少大方得體，多是演變成變態心理，傷己及人，放不下。

由曾經深愛變成醜陋分手，你終於成全了早憂的苦果，愛情真是個笑話。

醜陋分手和放不下的原因，其實與愛無關，大半是不甘心，無法容忍自己擁有失誤的歷史，所以寧願互相折磨，自欺欺人，不甘劃上瀟灑的句號。

愛情最恐怖的，便是將愛的能量轉化為恨，你不想他好過，你無法面對他分手後活得比你好，找到幸福的事實，你不忿他馬上找到新戀情，你斷定他沒有愛過你，讓你白白投資賠青春，你想他跟你一樣受苦，你不好過，他也不得好死……多恐怖的所謂愛。

先不要問為何你會有這種想法，這種想法對不對，只問自己這種想法好受嗎？值得嗎？你到底得著了甚麼？

成年人要對思想和行為負責任，你想他不好過，卻令自己的人格心智不健全，助長心魔，最終的輸家始終是你一個人。你不是被他摧毀了，而是被自己殺死了，實在無辜，我是指愛，不是你。

愛過也算是福氣，大方一點，不要白白浪費曾經愛過的心血。從舊愛中成長過來，好好保留值得留戀的記憶，也是愛情給人生的禮物。

好心分手，這樣的結局，還是可以很美麗。

從失戀中成長，讓人生變得更好，不然便是退步，浪費生命，在苦痛中迷失和沉淪。結果到底誰最不好過？

如何和舊愛相處

讀者W說：「素黑妳說過要從舊愛中成長過來，好好保留值得留戀的記憶，也是愛情給人生的禮物。但應該如何珍惜？如何保留？如何跟舊愛相處呢？」

分手難，分手後如何處理心情更難，要戒除還當對方是生活一部份的習慣更更難。

因為我們還貪戀。

分手過渡期，還希望跟舊愛保持聯絡，想知道對方的一切，很在意他不再接妳的電話，不再想妳接觸他，妳口裏怨他恨心，心裏還是想靠近他，活在懷念和怨恨膠著的鬼生活中痛痛痛。唉，何苦呢！

完了，便是完了，分手前不能好好相處，分手後還強求相處之道，不是自相矛盾煩惱自尋嗎？

分手傷身，心力交瘁，應懂得調理和修補，別再費神跟舊愛延續關係，也別馬上尋找愛的替身亂搞新關係，流失更多心力。分手是學習自處的好時機，應集中能量養神，安靜，才能打開心眼看穿整段愛情歷史的緣與孽。

不論愛過多少次，愛的本質都不應改變。愛戀中美麗的回憶可以保留一世，為生命充電，剩下的應該好心送走，不記來時路。只看眼前人，才是珍惜和保留舊愛的意義。

嫌棄也是戀愛方式

你總以為捨不得便是愛。原來，你捨不得的東西多的是，包括沒有愛過的「愛情」。

譬如讀者R説拒絕了他才後悔，因為懷念他的短訊，他問候的聲音，他看著自己的眼神。她卻嫌他矮，住得遠，衣著沒有品位。可是分開了又覺得寂寞，懷念戀愛拍拖的好處，想有人打電話給自己，説些好聽的話，更重要是，不想自己突然由有人關心變成無人理會，收不到電話，無人陪吃飯，像活得很悽慘一樣，不再有討好自己的傻子微笑。

小心，妳這不是感情問題，只是自私和貪戀的後遺症。

原來，嫌棄也是戀愛方式，妳只想利用他的存在，滿足自己擁有戀愛對象的虛榮，怕一個人變得寂寞空虛而想把他找回來，繼續被你利用和嫌棄。有個男人在身邊用一下，沒用便甩掉，多麼優越和光榮，不是嗎？

後悔讓他離開自己，過早沽清股票一樣心有不甘，有點捨不得，幻想以為這樣也算有感情啊，想把他找回來繼續娛樂自己，直至受不了再甩掉也不遲。女人這種想法最不該，霸個男人奴才在身邊，養活功利的情慾。他若不再回頭時，妳又覺得蠻受傷。

唉，小姐，做人要公平一點。

寧死不放手

妳也曾經這樣嗎：他因為另一個女人和妳分手。分手後，妳還要他伴看醫生，買東西，陪過生日，每日一短訊，像以前一樣，他也一一照做，甚至還和妳上床，妳享受在他身邊聽他打電話向女友說謊的虛榮，一份佔有的勝利感。

妳寧死不放手，他樂於一腳踏兩船。

妳不服輸給她，可她又何曾是贏家？

她也一樣爭取一個不值得愛的男人，因為這個男人不懂愛，只想擁有，一石二鳥。他最安全，失去一個還有另一個，妳為了這樣自私的男人自虐放不下，妳應該看穿自己的愚蠢，可妳卻享受愚蠢的方便，逃避接管自己的責任。

其實妳應向那女人說感謝，因為她接受了妳應放棄的，沒有她妳還以為他便是妳的一切。她救了妳，妳還懵然不知道。

妳們都是可憐的，還以為在互相競爭著甚麼了不起的，其實妳們誰也沒有得到甚麼。

妳不是這場三角戀的受害者，妳只是太懦弱而已，利用一個無能力愛的男人自甘墮落。

女人喜歡爭，喜歡佔有，不肯放手，這是假戰爭，因為妳們未戰已輸了，三方都是輸家，贏的只是虛榮和欲望。

該來的總會來

一位讀者說：「素黑，記不起讀過妳哪篇文章了，文章裏說：既然關係已經變壞，為甚麼不放手？質問一世他為甚麼不不不？

對於我來說，難的不是放手，而是不知何時放手？開始變壞的時候總想著做些努力，改善一下。總想著或許他會變好，如果他變了，我會不會後悔？總是怕自己後悔。我知道，這一切源於自我，可是，沒有女人不期盼這一生能找到好伴侶，總是怕錯過，總是怕離終點還有一米的時候放棄，好像輸了錢的賭徒，總拿著最後的積蓄翻本一樣，變得瘋狂。」

啊，這不是時間問題，而是怕輸的心態累了事，結果看不到贏面，賠上心血和信念。

若愛夠堅定夠強壯的話，錯過了也會回頭，不回頭也無憾，因為妳已賺回自愛、信念和定力。

剩下怕失去的關係，證明時辰未到，勉強不來。**先放手，做別的，待心智成熟，該來的總會來，不要執著。**

永遠沒有看透的世情，人事無常變幻不定。要穩定的不是他，不是妳和他之間的緣份，而是妳自己的心。不怕錯過，只怕停滯不前，那一切將不會有轉機。

讓感情和緣份流動。愛是智慧，犯不著賭博。

愛隻貓愛隻狗

有沒有想過，你的愛情其實像愛貓，還是像愛狗？

愛上貓是孤獨的，因為牠寧願孤獨，你為牠付出一切，永遠不知何時被牠咬一口，抓一下，為愛受傷害，你卻不會跟牠計較。牠總是愛理不理，活在自己的世界裏，自得其樂，自足自愛。原來就是各自的世界，你卻希望在一起，愛得心甘情願，為牠奉獻一切，不離不棄，滿足妳有個戀愛對象的欲望。你愛貓，因為你知道愛從來是付出多，一個定定看著你的貓樣眼神便是最好的回報。

愛上狗是怕孤獨，因為牠比你更奈不住孤獨，永遠追隨你的眼睛你的話，聽話，回應，乖。你可以控制他，隨心所欲令牠服從你，奉承你。狗大概也一樣，沒有你牠便失去身份認同，本來，狗最大的願望便是學習人，成為人，否定自己是隻狗，最沒有個性。牠並不是道行太高而忘我，牠只是寧願失去自己變成他人，依賴他人活。狗一樣的生命，你是明白我的意思的。你愛狗，其實只不過想愛你自己。

愛貓的都不愛狗，愛狗的都不愛貓。至於又愛貓又愛狗的，最後連自己也無閑去愛。那不愛貓也不愛狗的，又到底愛著甚麼呢？

關係＝翻閱周刊的快感

我們喜歡翻閱周刊，因為可以不用傷腦筋。

翻閱周刊為感官刺激，也是心癮。躲在7-11裡貪婪地翻，再豐富的內容，也不過是幾分鐘的快感。我們就是不翻不爽不舒服，lunch time 剩下幾分鐘，也要走進便利店翻一翻，過把癮。

一星期的時差，又是簇新的一書三冊，十元八塊，輕易買下兩個字：「隨便」，平衡為工作和感情投注的另外兩個字：「責任」。

有人只為消磨乘車時間，把幾頁關心的資訊撕下看完即棄，把周刊處理掉，家也不用帶回去，對，只不過是路上短暫的關係罷，刻意地漠不關心，其實為吊癮。很快便出新一期，即使看慣的買不到，選擇多的是，不愁沒有替代品。

我們貪戀的是翻閱的快感，快在手勢，在偷拍的彩照與誇張無良的大標題文字間盡情侵犯明星的私癮，發洩和迷失自己。翻閱比細閱更能達到忘記責任和壓力。

我們甚至享受翻閱周刊的空虛感，怎麼翻下翻下便一期了，快來快去後的失落感培養期待的能耐，我們就是這樣把日子翻過去，翻過便是遺忘，甚麼也不用記起。看完就了，不留感情，最放縱不羈的關係。

有人不羈不起，寧願保留。一期完的關係太快了，試著把周刊儲起來，由不羈變成執著。儲著儲著，很快累積如山的重量，我們又不安了，怎麼一剎那便積累那麼多，哪有時間重溫或清理？

都變成記不起的舊愛了，留得下的卻是誰？

我們也是這樣處理關係的。

女人的虛榮

有些女人專門留住很愛她但她不愛的男人在身邊，像貓玩老鼠一樣又放又收，又可憐又殘酷。

但，表面的藉口是「啊，不忍心拒絕他，他愛我愛得那麼可憐！」

廢話！這是女人的虛榮。

讀者D的理由是：「我已有男友，他說能為我無條件等候，我很感動，不忍做傷害感情的事，雖然我並不愛他。」

瞧，這種想法多麼虛偽！看清楚自己所謂感動也不外乎虛榮，喜歡聽到有男人對自己說這樣的話，很心甜是吧。她覺得畢竟是緣份，她享受那種癡纏被戀的感覺，問題是她也感到煩，因為他的能量不對勁，他情緒不穩定，可以為她生為她死。

遇上他是D對自我很大的肯定，她在潛意識裏很好奇這種男人可以怎樣愛她，會為她做出甚麼傻事。女人都希望看到所謂愛自己的男人可以為她做甚麼，越是不合理不理性的她越高興，因為那「表示」他的愛很深，很癡情，她很有價。

她透過折磨他、接受他滿足自己的私慾，這些都不是真情，只是虛幻。沒有任何人有權要求別人無條件為自己等候，付出甚麼，尤其在感情上，這是對人和對愛的基本尊重。女人卻喜歡這種感覺，也毀在這種感覺上。

愛妳＋懂得保護妳

男人喜歡保護女人，或者自以為有能力保護女人，可能自覺生得高大兼好勝，或者誤信愛她便能保護她。

而女人追求男性的保護，大抵因為崇拜男人的體積和逞強的陋習，相信男人真能兌現他能保護妳的承諾。

可是雙方都搞錯了，真正有能力保護妳的永不可能是一個男人，或者一份崇拜。男人要先搞清楚女人到底有甚麼需要你保護，女人要搞清楚為何不能自保需要受保護。

人第一次感受愛的保護來自母親。這裡說的「保護」，是指母性對孩子自然的、無條件的愛撫和親吻，不是阿媽日哦夜哦，充滿欲望和操控性的教誨。母愛最大的功能之一，是提供了她的身體，母性的擁抱讓我們感受親密的力量，這是培育安全感和信任的來源。

女人經常慨歎妳最愛的男人並不一定能保護妳，為甚麼呢？原來人長大後，最大的安全感不再來自身體，而是來自心理。

再高大威猛的男人，也無法給妳渴求的保護。妳埋怨的不是他不能保護妳的人身安危，而是不夠了解妳的心，不懂保護妳的感受，體貼妳的心情。

可女人的心委實太脆弱，心思太細膩也太敏感，要保護和照顧女人的心談何容易，你得先了解女人的心理結構和受傷程式。

依霍金的說法，這比了解宇宙的起源更複雜和艱難。

愛妳並不等同懂得保護妳，了解妳的心。說到底，護心使者的責任，還是應由女人靠自強自愛來承擔。

不做絕望女人

分享一位讀者的自療心路歷程：

「素黑，我試著妳一直的教晦，嘗試自己面對痛苦，看著它，不回應，不判斷，不認同，默默地等待它穿過我離開，最後我真的感到平靜。

在平靜地看著痛苦的時候，我看到了自己的缺失，一直以為對方給我的愛能令我變得完整，不知道原來愛不是向外找，而是向內找，原來以前我找錯了地方。

終於放下背了十多年的感情包袱，我一直認為有一個人辜負了我，只看到他對我的傷害，但是妳令我坦白面對自己。明白了以後，突然發覺不知道在甚麼時候開始不再生他的氣了，對他沒怨沒恨，心裏只有愛。對他，對自己，對在這段日子裏給我支持的家人和朋友，我只有愛。

我甚至覺得慚愧，原來之前沒好好地愛他，只將自己的希望強加在他身上，希望有一個愛自己的人，希望婚姻，希望有一個家庭，希望有兒女，希望幸福，希望他能達成我的所有希望。愛曾讓我迷失了自己。」

她，曾經像我出版的《絕望女人檔案》內的女人一樣，因愛之名愛到絕望，現在她肯更生自己了。**每個人也有重生的能力，沒有必然的受害者，也沒有必然的傷害**，只要妳有自癒的勇氣和決志。

每個人也可以走出來。

男人的脆弱

過時過節是女人最容易藉故傷感的日子嗎？對，但狀況不限於女人。

近日身邊好幾位男朋友便因為受到感情創傷而自暴自棄，嚴重抑鬱，連工作也要放下，藉故失蹤。

別感到驚奇，男人從來是容易受傷和擅於逃跑的動物，只是他們沒有告訴你而已。

男人的內心可以脆弱得比你能想像的更甚。這幾位都是重視感情的男人，讓女友最初帶著好感跟他交往，以為這樣的男人最可靠，可是，專情的代價也可以很折騰，原來愛上感情用事的男人相當困身，他們無時無刻需要很多很多的愛，希望從女友身上找到失落的愛的感覺，也許因為童年不快樂，也許因為曾經愛情受創傷，總之，他們需要從女友身上取得大量的陰性能量。

女友不在身邊，他們會不斷打電話要聽到女友的聲音才安心，要女友無時無刻給予無限安慰和陪伴，要女友承受他們動不動便哭便發愁的抑鬱情緒。

當愛變成依賴和壓力，只會令人窒息難受，教人想離開透透氣。

脆弱沒有專利，男女都必須堅強，才有愛的能力。戀愛雙方都有責任保持情緒穩定，別把負面情緒當作定情信物，最終害死愛。

男人的承諾有限期

一位讀者問：「為何女人喜歡記住男人對她許下的承諾，但男人卻會連自己講過甚麼都不記得？素黑妳不覺得男人的承諾應該是安全感其中一個來源嗎？女人似乎不斷在那些承諾中證實自己的存在價值。」

嗯，最後一句，便是問題所在。

很多女人發覺男人的缺點是應承太多，履行太少。可以從兩方面分析：一，男人不善辭令，不知女人對說話過份認真，不知女性記性特別好，不知自己原來無能為力，心想守諾但力有不逮。其實男人很多時候因為女人喜歡聽承諾，所以當承諾便是愛的表達，可是女人要求承諾兑現才算愛。

二，女人過份執著過去，過份高估男人的能力，過份活在過去，記住已過期和不合時令的説話。唉，當妳閱歷深了，妳會明白，每句話都有個限期，而限期不在時間，在容受情感的極限。感情承諾的生效期不如打工或婚姻合約，甚至不如印在罐頭上的法定限期。

能提升的感情根本不在乎承諾，而退步的感情又把承諾淡化，甚至變得荒謬或諷刺。當兩個人無法再進一步發展愛時，承諾自然失效，這也合情合理。

不該留的，不要留住。要他守諾，不如先堅強自己。不靠承諾還可相愛的，愛才真正出現過。

30×18的男女混交

編輯跟我說，同事告訴她一個關於30×18的故事。說明一下，「×」是現在流行的用語，即crossover，30歲與18歲的越界關係。

事源同事認識一個差不多30歲的男人，這傢伙總愛誇口以往的女朋友都是年齡由18到23歲的年輕女郎，從不跟更大年紀的女人拍拖，理由是小妹妹都不急著要結婚，還有大把機會任性，所以儘管和她們拍幾年拖，良心上現實上也不至耽誤了她們的青春。

她也認識一種男人，18歲時與18歲的女生拍拖，待女生長大了，他再換另一個18歲的女生，如是者不斷替更，直到30歲仍樂此不疲。

編輯慨歎說：「我也明白男人愛慕少艾的道理，但十多歲的小妹妹真能溝通嗎？不論是思想或是人生經驗也差一大截，我真搞不懂……」

編輯的問題問得正好。可能已經開始脫髮，滿腦子日本AV女網上游戲和新汽車型號的30歲男人，到底跟迷戀6呎多高的阿Rain，手包掛滿公仔和偶象相的18歲女生可以有怎樣的共同話題呢？

編輯是年過18的女生，難怪不入30×18的混交行列。她的困惑，正反映男女的根本差異：女人需要溝通，男人只要「溝」女。

女人天生語言機能特別發達，所謂需要溝通，不過是找對耳朵讓她們把過多的語言精力塞進去而已；男人過多的卻是精液，結果需要塞進女人去。所謂溝通，不外如是。

確是有點悲哀的。

失戀男人的私密感情

幾個女朋友都愛過年紀較大的所謂「失敗男人」，她們失望地告訴我一個有趣的現象：這些事業愛情皆失敗的男人，都不約而同特別孝順，甚至在戀愛時，對母親的關懷比對她們更甚，直令她們大表不滿，認為他們有戀母癖。

幾個女子的結論是：失敗男人最大的敗筆是寧願當孝子，也不願意在愛情上付出多一點，大概是害怕長大不想負責任。

在母親和女友之間二選一的難題，只會從小心眼女人口中吐出來。不過有趣的重點不在此，而在年紀漸大的男人對年邁的母親特別尊重和耐性，對女友卻很快便不再用心經營感情關係這點上。

男人不見得是天生孝順的生物，不過隨著愛情失敗或者對女人失望的次數多了，自覺可能一生也無法了解女人，很難再寄望於愛情，卻還覺得需要去愛女人。於是發現世上最包容自己的原是多年來一直忽略的母親，假如她還不算太霸道和囉嗦的話。

母親大概是世上唯一能讓自己從此以後無條件放在首位去愛的女人，因為她不會離棄自己，她隨時需要自己展示能照顧女人的能力。原來男人像女人一樣，需要追求不離不棄地為所愛付出的感覺。

在愛情失意時才記起親情的可貴還不算太遲。年邁的母親能讓失戀的中年男人總算有機會去愛一個女人，讓自己愛得像個男人一樣的沉默、包容和無奈。這點，不是一般女人能理解的男人私密感情。

男人切手指的啟示

國內某編輯告訴我，某天一對夫婦跑到她的雜誌社大鬧取公道，丈夫爛賭但願意悔改，妻子對丈夫經常說會改早已心死。他們各持己見，丈夫突然當眾取出小刀切下一個小手指，嚇得職員都呆了，大家都不知怎麼勸解。

其實，雙方都有自己堅持的道理，問題只是，大家是否真有能力承擔所堅持的。

賭徒最大的問題，是理智腦與縱慾腦二分，他堅信的是控制理智的腦（簡稱大腦認知下的那個會戒賭的自己，可是控制欲望的那個腦（學名叫「大腦邊沿系統」，有關詳情可參考我另一本作品《最放不下愛》）卻不受控。原來他沒有自我平衡的方法，根本沒有能力兌現承諾，可他並不瞭解自己，只知道妻子不信任他，一時情緒激動傷害自己，為證實他戒賭的決心。這是他意志和軟弱胡混的可悲結果。

相反，妻子在理性上知道丈夫無得救，可情感上難以放下一個寧願為她斬手指求原諒和信任的丈夫。孽緣一場，像很多男女關係。

人太軟弱了，無法管好自己內在的分裂，自傷傷人。

面對問題，我們即使無能為力，也應該學習管理情緒，協調自己，關係才可望穩定和諧，然後才有成熟的條件談愛情。

男人的生理還未進化

R的老公見異思遷，嫌她婚後變肥失去性魅力，於是在外邊找年輕貌美的女人。R不明從來是君子的老公為何會變質，一夜間覺得老公像野獸一樣很陌生。

男人的生理進化比女人慢，哪裡有美色，有包容他的溫柔，他便跑到那裡去，這是男人的動物性本能。女人較進化，肉慾以外還追求愛和安全感。男人比女人更容易越軌，因為要滿足男人生物性要求的條件並不難，要找性和滿懷母性的女人愛自己相對來說太容易，但能讓女人感到安全，愛到永恆卻非常困難。男人要平衡肉慾，女人要平衡心理，可後者不是外界能賦予的，關鍵在心，需要心靈上的修行。

男人不擅長表達和付出愛，更莫說要求他們給妳安全感。他們有不安定的本性，很難讓女人感到安心。女人也要檢討，為何有了老公便放棄美麗？愛美不為取悅男人，更多應該為自己，這是保持自信的基本功。將心比己，換上是妳的男人變得肚肥腸滿頭髮禿掉，妳也寧願躺在身邊的是金城武！

女人其實可以再進化一步：與其百份百依賴男人給妳安全感和愛，不如從自愛開始強化心安感覺的層次，追求更高價值的愛。先愛自己，令自己變得美麗可人，站在鏡前深感自己值得被愛，妳將不怕失去甚麼。男人的生理還未進化，女人卻有心靈條件追求更大的福樂，只要妳懂得欣賞自己，向前看，別退步。

別妄想修補男人

我的博客上最近有人寫了很有意思的留言，意謂人很矛盾，到底應選擇成熟，還是堅持幼稚地快樂？能同行的人，未必相愛很深；相愛很深的，又未必能同行。有時甚至覺得，女人最可怕的愛不是來自愛情，而是母愛。

客人K的問題正好恰似：已婚男友很難做到離婚，又不想放棄她，她無法放手，理由是因為他有不幸的過去，妻子無法給他幸福，只有她才能給他他所需要的愛。

動人的理由，卻相當荒謬。

女人濫發母愛的本能，令她們失去定力和清醒，盲目地栽進女人喜歡修補男人的陷阱去。

衝著母性的關懷和愛心，希望愛一個不快樂的男人，是女人濫情的病態。

男人也有覺得需要保護弱性女人的性別使命，也是逞強的病態。

說到底，不論男女，只要你不是身體或腦袋嚴重殘缺的不幸者，也有責任承擔自己的生命。學好照顧自己，不為別人增添麻煩，已經相當不錯，不強求你貢獻別人。

女人毋須可憐婚姻殘障的已婚漢，也毋須包庇維護面子靠妳養又中傷妳的失業丈夫。別為了修補男人的殘缺，傷害自己的幸福、尊嚴和健康。妳應當知道有多不值得。

不忠是害不是錯

F自稱因好奇好色嘗試婚外性，被妻子發現還諸多隱瞞，最後妻子鬧離婚才後悔，說他其實愛家愛妻子。可妻子已不再相信他，每天問為甚麼會這樣。

男人大概都不明白女人執著完美的愛，視隱瞞為破壞愛情誠信的背叛。

女人受不了男人還像孩童一樣貪玩兼說謊。男人很難集中精力只為愛而活，還留有好勝任性的基因。男人最惹女人討厭的不是花心，而是花心而沒種承認，還要合理化自己的欲望，視女人的失望為病態。

當然，嫖客也可以是君子，好男人也可以很虛偽。一個人是否可親可靠，在乎人格和誠信，是否對行為和縱慾負責任。

啊，別只怪男人，女人一樣有很多不忠的欲望。情慾面前，兩性是沒有分別的。

面對伴侶的不忠，假如對方肯放下面子承認所為，承擔後果，不妨大方一點接受和體諒，受不了也可以爽淨一點離開，再見亦是朋友。沒有人有權道德判斷你的選擇，你只須向自己的感受交代和負責任便夠了。最怕選擇怨恨，死執不放手，才是男女關係最大的孽障。

我們沒有資格判斷伴侶的道德，或要求伴侶按照自己的意願改變，先轉化自己的心胸更重要。貪欲有害，卻不是錯，否定和怨懟才是情變關係自招的禍根。

誰比誰花心

到底男人女人誰較花心？妳總以為答案是男人，但我想提醒妳：別低估自己的欲望。

男人的終極欲望是性交和陰性的包容，女人的終極欲望是愛戀和剛陽的倚靠。這是兩性陰陽平衡的生理現象。

男人不自覺貪性，女人不自覺貪情，結果發明了愛情。

女人以為可以在男人身上得到愛，男人以為在女人身上得到性。結果男人贏了，因為得到性遠比得到愛容易。不是因為男人太隨便，而是因為愛是很高質素的心靈進化，要求得到愛是女人比男人「文明」的進化結果。

男人還沒有超越被生殖器官操控的宿命，還停留在與爬蟲動物等同的原始生理機能上，食色性也，簡單直接的生存需要。女人因天生肩負生育和撫育的責任，早已發展愛的本能，方便孕育和承擔，女人的生命不是全然為自己。於是，付出愛的女人需要補充很多愛。當眼前有很多選擇時，女人跟男人一樣花心，一樣無法忠於一個男人，永遠在愛上得不到徹底的滿足，同時愛到筋疲力盡怎也不放手，總覺得男人應有更愛她的表達方式，更有效地滿足她變幻莫測的感情需要。

男女都貪，沒有誰比誰更花心。欲望不外是本性，毋須否定，避免變成縱慾便可以。

單有愛是不夠的

愛情失敗了，我們容易質疑對方到底有沒有愛過自己，是否不夠努力去愛。

不過事實上，很多愛情關係失敗的原因不是因為愛得不夠，反而可能是愛過了火，一廂情願的付出卻沒有察覺對方的真正所需，白花了心機。

兩性在處理愛的力度上存在頗大的偏差。女人傾向過份努力費盡心神去付出，容易不自覺因沉溺、上癮而製造壓迫感；男人則傾向過份懶散或理性地處理感情關係，對不能理解的感情需要無法投入和花心思，結果讓女方覺得他心不在焉，懶惰不夠努力，她總是付出比較多。

原來單有愛是不夠的，因為愛侶要面對和接受挑戰的更多是如何去理解對方的需要和感受。假如雙方對愛的信念不夠強壯的話，單是這兩點已經足夠毀壞愛。

男人以為理解和滿足女方的需要便能解決問題，女人卻認為男人應該先融入她的世界，先關注她的感受，這遠比先處理現實問題和需要更重要，因為解決需要只是世俗和物質性的滿足，可以不帶感情不用花心思，可是關注感受是細心的表現，只有從心出發才能表達愛意，所以女人特別希望男人能為她們花盡心思逗她們高興，對她們而言，即使你是虛偽而為，她們還是覺得你愛她。

問題是不擅用心這器官的男人，再搞盡腦筋也搞不清到底女人想要甚麼，可是已經費盡腦力，還是不被諒解。

男人怨女人沒頭沒腦，女人怨男人沒心沒肺。

沒有表達愛的適當方法，儘管你有再多的愛，在對方眼中也不過是個不合格的情人。

愛女人是藝術成就

很多男人不知道，女人常有令人費解的情緒反應和行為，往往並不反映她的真實感想或真正需要，很多時候連她們自己也不能馬上瞭解自己的思緒。

這跟女人的生理結構攸關，因為女人管理情感的腦部結構比男人的發達和複雜，也跟男人壓抑情感的性別文化攸關，令男人無法打開心窗，感受女人細膩豐富的情感世界。

女人表達情感的波幅遠比男人的開放。女人需要男人先認同她的感受，男人卻只懂得妄下判斷，表面上是希望速速夷平問題，潛意識裡其實是希望縮短溝通時間，透露男人原來歸根害怕溝通，更無力面對錯縱複雜的感情世界。

女人需要的不是男人不合時宜的分析或意見，而是要你留意她當下的感受，像孩子哭喊不一定表達傷心，其實只想引你注意，提醒你已忽略了她。只有利用情緒的強烈反應，才能打破你漠視情感交流的圍牆。當女人轉彎抹角時，你應知道她在等你肯定她，可能正是你過份自我中心傷害了她，讓她感到不受關注需要自我保護，所以才不敢直接表露自己。

先沉默，運用身體語言如擁抱和愛撫給她肯定，遠比你跟她理論和說道理能更快地讓她平靜下來，然後再跟她好好溝通，問題所在才容易顯現。

都說愛女人是一種藝術成就，也是男人學習打開情感禁區的自我修行。

兩性溝通的真相

男女有很多溝通上的誤會和矛盾，原因是彼此對語言的製作目的、後期處理和生效日期的準則大不同。

女人投訴男人光説不兑現，不知男人其實不擅長溝通，希望盡快解決問題，在未理解女人真正的心意前便妄下定案和建議，以為問題解決了，對説過的也毋須費神和在意。男人是逃跑的動物，語言只是工具，承諾只是手段，容易講完便算，甚至寧願借助失憶逃避承擔，卻不一定存心食言。男人蠻多不知所謂的空話，大多只是溝通動機薄弱，有心無力的慣性後果。

男人怨女人執著陳年舊話，不知女人是靠情感製造記憶和安全感維生的動物，特別重視説話的情感語境和其引伸意義，編織她們的人際關係內窺圖。女人沒有安全感，要從語言承諾的記憶中製造愛和被愛的真實感，難怪流於活在過去，忘記現在，是時間的奴隸。女人要説很多話製造充實感，可説話多半是為怕孤獨多於真正想溝通。

男人的溝通基礎是當下的意願，盡快解決問題離開對話和關係。

女人的溝通基礎是製造永恒感覺、意義和記憶，盡量延長對話和關係。

男人不想記起，女人不忍遺忘。

每個性別都有死穴。別傻了，**真愛是無法透過執著兩性溝通而建立的**。

不能談的不要勉強

M要求和男友坐下來說清楚大家的關係，可男友冷淡地說沒甚麼好談，問題不在那裏。

M不甘心，覺得她已盡力修補關係，他卻不領情也不重視修補，無奈關係已走到了盡頭。明知關係出現了問題，可以開心見誠談一次當然很好，但因為久經積壓而變壞的歷史問題，令對方可能已經失去開口談的意願和信任了。

「每次想談他都避開，還要拖下去嗎？他到底想怎樣？」

不同人有不同的溝通風格。有人喜歡甚麼都要說清楚，卻可能製造更大的壓力和衝突，把問題複雜化，尤其是涉及不能用語言說清楚的感情事。

修補關係的原則是可以談的便談，不能談的不要勉強，也不能執著。

溝通應該像流水一樣，不能隔著沙石，不然會翻起波瀾，即使水還是繼續向前流，卻不一定到彼岸。

假如無法把話說清楚，便要依靠別的途徑。溝通的重點不在語言，而在心，可惜用心溝通是現代人最殘缺的能力。

感情的交流只適合細膩深層的方式，心有溪水的溫柔和海洋的澎湃多重層次，擅長傳情達意，觸動心靈。

水磨的力量，能平滑堅硬石頭。學習開發心語和愛人關愛地溝通，遠勝千言萬語。

當妳已經不愛他

當妳已經不再愛枕邊人時，卻又未想馬上提出分手，可因為不懂得怎樣跟他繼續習以為常地相處，妳漸漸變得相當焦慮。妳暫時不想跟他說妳已經變了，妳已移情別戀，或者，妳已經受夠了，甚至，妳已經懷了別人的孩子……總之，妳還如常回家吃飯，甚至跟他一起應酬，一起旅行，一起做愛。

這種生活，當然不能維持很久。該怎樣辦呢？他也察覺到妳開始心不在焉，沒精打采，甚至不想跟他有肌膚之親。最糟糕的可能是，他關心地問妳不舒服嗎？是工作壓力大嗎？是生理週期不協調嗎？是我做錯事嗎？對不起，都是我不好，不能令妳快樂，我會改好的……

這個時候，假如妳的變不是因為他的不好的話，妳會感到相當內疚，開始想是不是應該回到他身邊。可是，跟他一起確實令自己感到很不舒服，甚至不能做回自己。這個時候，妳相當無助。

一些以前不會緊張的事情，現在開始變成負累了，例如妳怕他要跟你做愛，妳怕在這個時候懷孕，妳怕在家跟另一個他講電話，妳怕給他發現他寄來的電郵，妳怕給他碰到妳跟別人看電影甚至上時鐘酒店，妳怕被他的朋友在異地碰上跟別人偷情的自己……

妳糟透了！與其極力尋求偷情貼士，活在焦慮和説謊的生活中，不如坦白面對，告訴他啊，妳得有敢愛敢做的勇氣，也應好心別陷伴侶於無知的不幸中。

表達情感很重要

男客人A經歷了兩次婚姻失敗，現在交上新女友，害怕會重蹈覆轍，再次令女伴失望離開。像很多男人一樣，他的問題是不懂得也不敢表達自己的情感。怕表錯情，怕被拒絕，怕被對方看穿自己，怕這怕那怕怕怕，根本不知道人應該健康地表達自己的情感，沒有害怕的理由。

壓抑情感、無法表達情感的人容易患心理病，因為情感是人與生俱來需要轉化的能量，就像做夢一樣，具有釋放、補吸和創造的功能，是人天然的排毒補身機制，可以平衡生理和心理。

表達情感有很多方法：說話、唱歌、情書、跳舞、繪畫、擁抱、傻笑、烹飪、短訊……讓自己和對方彼此交感溝通，增進瞭解，建立情趣、信任和愛。

日常生活太缺乏情感慰藉的元素，所以我們渴求表達自己，也渴求看到對方動情的表達，印證生命還有衝擊心靈的動力，還有沉悶和慣性以外更多的可能性。

不是誇張的，無法表達情感會令人內在失調，情感便秘。

別收藏自己，也別怕輸掉面子。表達但求知音，也是藝術，要有適當的方法和處境。

能遇上渴求向他表達的對象是有福的，但也要顧及對方的感受，別過份沉溺，令人感到壓力和不安。

亂性前請記得三個字

客人B告訴我，母親生了她嫌麻煩，把她交給沒孩子的好心路人帶大。二十多年後母親生病了，身邊兒女早已離棄她，才猛然回頭希望尋回這個早已離棄的女兒，說要見見親生女，想聽她說聲媽。唉，大概真要說髒話，「媽的！」二字是何其容易吐出口。一聲「媽媽」可不是她有資格聽到的福份。

讀者P求我救她13歲的姨甥女，說她自小被母親離棄不管教，性格極端且暴烈，怕她這樣一生便毀了。一生沒得到過愛，怎會懂得自愛？

尋愛的路，談何容易。

女人胡亂生育，生而不養拋棄孩子；男人性完便算，感情破裂還怨孩子是孽種，雙方都是糟蹋生命的罪人。有人生了孩子反過來要孩子照顧她一世，因為她才是她永遠的孩子；有人沒想清楚生完才不想失去自由，一走了之，或者決定不要轉給他人收養。

又有人因為孩子出生的八字不吉利，嫌他「腳頭不好」不想要；有人生了嫌孩子已太多，乾脆把初生嬰兒賣掉。

這不是幾十年前的老套電視劇情，這是我認識的朋友、客人和讀者的現實身世，才不過20來30歲飽受童年創傷的男女，比我還年輕。

男女關係到底怎麼了，竟能這樣踐踏生命的尊嚴?留給大家反省一下。

下次亂性任性前，請記得「負責任」三個字。

戀愛急不來

C問為何她還沒有談戀愛，已經20 something了。

未遇上愛情的妳，大抵或明或暗都這樣問過自己，難為自己。

說難為自己沒過份。痛苦從來是自作孽，只不過是看不透生命的下一步，卻太早對愛卻步了，越來越欠缺自信，結果惡性循環，愛走到眼前也會被妳錯失掉。太介意失敗，太在意成功，落得倒數年華，怨走青春。

人緣萍水相逢，少暗算目的，才容易建立真感情。談戀愛並不等同已經擁有愛，戀愛要慢慢培育，少心急多用心，上路便是了。

「即是說，談戀愛可以簡單得只是喜歡，和他在一起？可以沒有愛？這不是太兒戲嗎？」

不，談戀愛便是談戀愛，是過程的開始，交朋友總要吃飯聊天花時間，妳急甚麼？一開始便抱著必須要有愛情和承諾，地久天長的話，這可比自戀或自虐更恐怖，壓力已經殺死愛。

愛並不容易，愛的感覺也不可靠，那是傳媒文化渲染出來的假像。愛是修出來的果實，掏盡感情的美麗感動，需要時間和耐性，承擔和放下。

「我知道是我想多了，很容易變得執著，女人都是這樣子的嗎？」

在愛情面前，女人只是想得太多，聰明有餘智慧不足而已。人生苦短，看妳寧願花時間去修，還是思前想後去執著。

自傷愛

我們沒有能力改變誰，
能改變自己已經很慶幸。

自傷愛

無條件付出，別傻了

能為最愛的人無條件付出，便是最偉大的愛嗎？

可能是，不過並不代表最有意思，甚至連對方是否有能力消受也是個問題。

能夠無條件去愛，確實很感人，假如自己有能力，又找到有緣對象的話，付出的本身能散發純美，能增加愛的厚度。

不過，愛到失去自己，他的一切便是我的一切，把自己的生命變成對方的生命，盲目付出，死而後矣，每刻都怕失去他，怕他離開，成惶成恐，這便是過份，嗆死自己，嗆死別人。

記住一點：愛講心，講心卻要講力度，有心無力也只得一個講字。不要一廂情願，盲目付出，你會挺不住的。

無條件的愛是基於你有能力付出，愛若不能為自己和對方帶來正面能量，令大家各自成長，不怕衰老，不怕失去的話，便是愛得虛弱，還未擁有。

要靠付出和犧牲留住關係的話，那是壓迫性的愛，諷刺地這種愛很難留人。**無條件的條件是，當你已很富有，不怕失去**。

再說無條件付出不一定是正面，即使你有無限的愛，也不宜縱容免費午餐，當接收者的心胸還未豁達，放縱欲求時，只曉理所當然地接收，也是害。

總有戀上自虐的女人

A哭著說老公嫌她老了，所以應份出外花，惹了性病回來還罵她水性洋花給他蓋綠帽子。結婚10年最終得到甚麼？問她為何不離開，她說因為太愛他。

B愛上比她大20年的已婚漢，他騙她會離婚娶她，結果苦等了7年，他還是那句快了，妳要信任我。B暗地裡查過他，其實他還養著3個小老婆，她卻連和他一起吃飯也要她付錢，他還經常向她怨窮。她心灰意冷，可是已經無法回頭了，說若離開他找不到比他更好的怎麼辦？

C愛上經常打她的警察，朋友替她不值說要舉報他，她卻哀求他們不要找他麻煩，怕他打她更嚴重。可是她沒有打算離開他，理由是怕他會打她更嚴重。

D的男友多次騙她，經常和不同的女人一夜情，很多次甚至向她發誓兼下跪，求她務必相信他的清白，他最愛的是她沒其他。待她心軟了，他便入廁所打電話給另一個女人說掛死她了，叫她等他們。D偷聽到，裝作不知情，讓他借故開會溜出門。她說寧願他繼續騙自己，證明他還著緊她，她要做他最後最長久的女人，因為世上沒有比她更有耐性去愛他的女人。

世上總有這些戀上自虐的女人，保住受害者角色證明愛得很偉大，其實她們戀上的不是她們以為最愛的男人，而是病態受虐、自我憐憫、殉道者式的快感。有人待自己不好，證明自己比他好。

女人都想做聖人。

你會同情還是放棄她們呢？

負負不會得正

C愛上一個心靈脆弱的男人。彼此是初戀，所以不想放棄。糾纏多年，鬧過分手，如今約定給大家最後機會。她情緒火爆，男友抑鬱厭世。她說想拯救他，希望相愛但性格不合，想挽救感情卻無具體方案，好夢難圓。

情緒負面和不穩定的人，要相愛難度很高，負負不會得正，只會變本加厲互相傷害和虐待，翻來覆去，交換大量負面能量，代替愛的交流，所以很難得到好結果。

厭世的人沒有條件戀愛，必須先積極改變人生觀，別借愛情自傷傷人，加深宿命的迷信。愛自己，愛生命，愛世界是愛情的根。

情緒不穩的人，沒有能力拯救任何人，當心縱容母性的本能，以為只要保護對方，改變對方便能成功挽救愛。

我們要明白一點：我們沒有能力改變誰，能改變自己已經很慶幸，只能先反省自己，看清楚自己的缺點，先改變自己，才有資格和能力改善其他。

能量負面的人其實不宜走在一起，應先各自釋放和更新自己，換一種關係，給感情放個假。

愛這個字很單薄，不能靠死守最初的感覺當作永恆，捨不得放手。愛不進步，便是退步。

替愛判症的死穴

我們都喜歡替愛判症。

A認定失戀是男友變心不愛她，其實問題是她不相信他。

B的問題在仇恨心重，不懂豁開心胸，情緒困擾致肝鬱兼心律不正，她卻一口咬定是丈夫有外遇所致，必須先整頓丈夫才能治癒自己。

C缺乏意志，不能集中精神，對戀愛失信心，她確認是因為童年不快樂，曾經失戀深受打擾所致，其實是她年少時代因無知吸食軟性毒品傷了腦，和經年服食減肥藥的藥物後遺症。

我長期需要在電腦前工作，結果傷了脊骨不知道，待頸痛和股痛時求醫，醫術欠佳的醫師只曉頸痛醫頸股痛醫股，結果越醫越痛，因為他們犯了一個毛病：只針對病處，看不到源頭。

可是也應說句公道話，要尋找病源確實不容易，不光是醫術了得便足夠，更重要是還要有很通透的心看穿病人的脾性和習慣。後來一個經驗老中醫替我按背脊某個穴位後問：「現在股痛不痛，頸痛不痛？」哈，果然奇妙，不再痛了。然後在那處落針用灸。

感情、情緒、身體的問題成因太複雜，表面的、心理的、前世今生的，很難只靠腦袋判斷，跟看人不要看表面的道理一樣。大部份病徵只是病源借身體一個弱點發出的訊息而已，病處不一定便是源頭。

問題不在問題裏，不要花過多能量執著和糾纏，老是問那為甚麼他傷害我還會快樂，為甚麼他不為我改變，為甚麼愛人都要離棄我……

轉移視線，反觀自己的內心，**先看自己才張看別人，才是治療愛的智慧**。

最怕無動於衷

讀者K說：「我得不到想要的生活，沒有溫暖的家，也不相信愛情，一個人活很孤單。工作困身，連養一條小狗陪陪自己也不行。每天不斷重複機械式生活，悶蛋的同事，無聊無賴的上司，滿街平凡複製的上班族，滿車廂互相討厭的陌生人，我不想工作，想放個長假，經常想自殺。天，生活究竟為甚麼？有方法能改變命運嗎？我抗拒修甚麼自我增值課，也不喜歡和一幫人一起做瑜伽或禪坐，再這樣下去，生命真的一無所有了。」

K的怨懟，大概是你和我隱藏的心聲？

希望改變命運並不困難，只怕沒有動力和決心想活好自己而已。人容易嗟怨，自覺不幸，不明為何人家比自己活得好。這樣想是否能讓你好過一點？

不快樂，想自殺，是真心還是負面思想的慣性運作呢？問自己：你有真誠地活過，愛過自己嗎？你在空等運到嗎？

人最大的煩惱不在際遇，而是你內心裝載的是甚麼，是否想歪了，執迷不悟，或者寧願自虐埋怨，拒絕自療。

別急著要生要死，最壞的未輪到你，最好的要靠自己爭取，真的沒甚麼大不了，一切在乎你的心胸。人不怕孤獨，最怕抗拒面對內心，無動於衷。

我怕痛，但我嗜痛

某個找我治療憂鬱症的客人，聽我建議她找個好中醫針灸治理肝鬱，很憂心地問：會不會很痛？

有趣的是，一分鐘前她才告訴我愛得死去活來，痛不欲生，會不惜一切治療傷口。人的腦袋永遠是分裂的，此刻令自己以為積極求醫很了不起，一旦治療方法擺在眼前，卻馬上推出三五七個理由説服自己：不，沒用的，或者質疑，或者逃避。總之，「我想治療，但不要叫我做甚麼，試甚麼。」

維護痛苦的心理機制比我們想像中更厲害，凡對妳好的它會馬上響起警號，令妳質疑，叫妳卻步。結果嗎？妳大抵會以「怕痛」之名，放棄醫治所謂生不如死的心痛。很諷刺吧！痛到求死的心病，卻不敵一支針幾秒鐘的痛。瞧，妳根本不想治好自己，潛意識享受痛苦的淒美。

女人心真複雜得沒話説，像其生理結構，和嗜痛的心理。

怕痛只是藉口，逃避才是真相。妳寧願醫來醫去醫不好，證實自己是命運捉弄的受害者，這樣便可心安理得痛下去，賺取可憐。對，傷痛的女人最吸引，因為病態令妳更有被親近和憐愛的理由。

原來，妳只是害怕孤獨，戀上嗜痛。

你未經歷過我的痛

人為何特別喜歡傷口，老是執著舊傷痛呢？

原來人都害怕孤獨，經常希望證實自己的存在價值，吸引別人的關注，覺得平平淡淡的活著不算有生命意義，期望發生特別難忘的印記，讓平凡的自己看來獨特一點，添一點重量。

傷口的特性正中下懷，因為傷口有疤痕，能時刻讓你看見，提醒你曾經滄海，飽歷風霜，替你的人生刻上深度。

於是，你捨不得治癒傷口。

感情創傷方便你去製造一個非凡的身份認同，就是那種「我經歷過你未經歷過的痛，所以你不明白我」。

表面上，我們都希望別人瞭解自己，可是潛意識裏其實大部份人都不希望人家太瞭解自己，被看穿後便沒戲了。

我們看准別人喜歡關注受傷的弱者，對快樂強壯的人很快便不大關注的特性，於是借傷口博取憐憫，拉近關係，也同時製造距離，自相矛盾。

明白了自己的潛意識是如何運作後，你便知道你老是放不下舊傷口是甚麼心態了。

其實，快樂真的簡單很多。

愛到心痛原是快感

H愛上有婦之夫，他不肯離婚，於是她決定結婚，婚後和他關係依然欲斷難欲。她想斷，他不肯，他出現她丈夫面前迫她抉擇，她決定放棄，竟發現丈夫早已知道，卻一直默默包容她，愛護她。深知情人不及丈夫愛自己：「我知他愛他自己多一些，我偏偏最愛他。人生為何那麼多無奈？我的決定是否錯誤？」

我們從來無法判斷愛得對或錯，因為心亂且多心。

對方也心亂兼貪心，大家都以為雙方很匹配，戀愛著對方，其實大家都一樣迷失和計算。他不想放棄太多，妳也一樣怕理虧。走在一起交換微弱的感覺，你會叫做愛，也叫做緣，同樣也可叫做孽，名字一個而已，像「愛」這個字，不著邊際可以很虛無。

妳卻押上自己的一切，難怪愛得那麼累，到頭來只能放棄和心痛。身邊有人默默愛自己，發放正面的能量，妳享受了，但不接受，因為妳說最愛的不是他。妳死心塌地揀選的，偏偏是無法讓彼此平靜的窩囊。妳稱之為最愛，同樣叫最痛。

不痛不快，原是妳選擇的快感。

感情用事比愛更吸引，自討苦吃比愛更堅定。

愛不是理性盤算的對錯或感情用事的結果，只能打開心眼看清楚自己的盲點。

愛，需要很大的智慧，才不致變成笑話。

愛得痛苦，因為太幸福

為甚麼我們喜歡看苦情劇？女主角死掉，被拋棄，受委屈，我們總是感同身受，原因卻是妳不願意接受的事實：妳活得太幸福了，幸福到要借助悲劇催淚，提醒自己不要太樂觀，別忘記曾經受苦的不幸。

妳說是不是很無聊？

可不要少看流行愛情產品的負面魔力，它足以影響整個城市的集體情緒。

負面情緒最容易也最快集體交叉感染，叫好端端的妳無事生非，無痛思痛，讓腦神經誤收妳已陷於痛苦的訊息，馬上改變妳的情緒狀態，於是，很快妳便覺得自己的確很憂鬱。再加上過往痛苦的記憶湧現，恰好配合妳急轉的情緒，把負面經歷重現腦海一次，栩栩如生，妳便中計了，誤把過去變作當下的痛，告訴自己原來舊傷未癒，還是會記起。

唉！翻新的痛症開始折磨妳，和妳身邊的人。

人的痛苦，大部份時間不是因為被新痛刺傷，而是翻閱舊記憶的慣性。痛苦的感覺可能是真的，可是理由卻是假的。

我們中了活在過去的毒，潛意識裏歡迎痛苦，吊詭地往往是因為當下活得很幸福，焦慮一切只是假像。

好個恐懼幸福的痛症。

難過比痛苦好

碰上很久沒見的F，他還是那個模樣：浪漫、孤獨、一個人。

他說剛失戀了，不知能找誰訴說，想聽一點能令自己舒服的話，問我是否有空聽聽他，向他說說好話。原來女友前天離開了他，大家相處得很快樂，只是他不屬於婚姻，她希望結婚生子。有愛無份，好心分手。

我說分手原因和過程不重要，重要是雙方理性和成熟，不然才累人。

愛情是美好的，當你可以成熟處理和享受的話，結果並非最重要。

愛是一生修行的路，相愛時享受，相處時理性，互相尊重，這樣即使沒有緣份走在一起，這份愛已經一生一世。

能夠為愛，為失去愛而難過傷心並不壞，甚至很幸福，因為真的曾經動過心。感動過，相愛過，已經是做人的成就。

為失戀難過是人之常情，沒有否定的必要，甚至應該慶幸，因為表示你還是個有情人，還可以繼續去愛，可以修煉自己，把愛放得更大，不用執著愛的對象。

可是為失戀而痛苦卻是執著，表示你沒有真正愛過，只有欲念，為得不到而受不了，自討苦吃，惡性沉淪，很難看穿愛的神聖，無法感受愛的正面能量。

難過比痛苦好。

不夠痛還算愛嗎

一位女讀者説她從沒有為愛死去活來傷痛過，不理解為何有人會為愛尋死。眼看其他人都被愛折磨著，反觀自己跟丈夫過得很快樂，不禁質疑是不是還沒有真正愛過轟烈過，忽然懷疑丈夫可能不是真命天子，問我她的愛情是不是有遺憾。

別笑她自尋煩惱，其實我們都跟她差不多，在愛中質疑愛，結果遠離愛。

我們都愛得很吊詭，以為不夠轟烈沒流血流淚的不算愛，沒厭食抑鬱鬧過自殺不算愛。愛人沒為自己打過架不算愛你，沒為你哭過不算愛你，甚至幻想他應該患上韓劇式絕症才算見證愛。

天，愛真的只能承擔沉重和痛苦，不能輕鬆好過一點嗎？

愛不能承受輕，又無法奈得住沉重，那你到底想愛甚麼？

我們表面追求甜蜜的愛，潛意識卻錯認愛情應該很痛苦，追求戲劇性的激情。可我告訴你，你若經歷過深刻的愛，你會明白戲只是戲，寧願愛在平實中，靜靜地呼吸。

是我們愛得太浮淺，才妄求翻高浪，自製愛情災劫，正因為你跟愛分裂了，要靠災難重逢愛。

能將愛溫柔地注入內心的甘泉，你將不再嗜痛，迷戀向外尋找所謂愛的假見證。

對妳越差越愛他

B的前男友是個差勁的已婚男人，偷情關係浪漫開始，醜陋而終，他要回到太太身邊，分手時還欠她很多錢並不打算還。她傷痛了好幾年，以工作麻木自己。數年後她終於遇上一個待她很好的男人，可是她已無法再去愛，卻對舊愛念念不忘，一股心癮湧現，很想很想打電話給他，想問他可否做回朋友，說服自己和舊愛做回一般朋友理應很正常。

其實她的欲望很清晰：她還依戀那段早已過去卻不能開花的戀情，捨不得舊愛被取替。

的愛。

說白了，其實人的感情中大部份是欲望，只有很少餘地留給心靈上的，無私付出

讓人纏蜷苦纏的感情關係通常有兩種：一是自以為很完美，天作之合；二是其相反：充滿遺憾和缺陷，得不到所以特別渴望，享受偷情或苦戀的快感。

我們都希望尋找完美匹配的戀人，可越有遺憾的越覺最難得，越想擁有成全自己的欲求。這是渴望越軌，渴望受傷的欲念，希望靠犧牲來感動自己，永留淒美的愛情烙印，吊詭地自製「永恒」的愛情。

不要自欺欺人了。他從來不是妳的朋友，他只是妳利用來慰藉自己貪戀的工具而已。

越墮落越無賴

A說自己很痛苦，明明討厭男人無能不長進，偏偏想有已婚女人的名份，暴獵一個專一丈夫滿足自己的虛榮。可惜多年來感情關係浮沉易動，害怕被欺騙，又不肯付出真愛。容易得到的戀情，消費不到兩星期便唾棄，換回所謂自由和更大的空虛。

性也一樣，兩三次後便說厭，再也不回頭。狂花錢算命，換相士占卜師比換衣服更多。覺得前世欠了某個男人要還他，於是花心到盡頭，身邊還是留住一個對她死心塌地她卻不愛的男人，無法跟他結婚，理由是相士說他不是真命天子，對他也沒feel。

夜晚一個人睡會害怕，開盡全屋的燈也無法照亮心中的黑暗。找個男人睡，性到一半便討厭想把他踢走。這樣的生命，還能怎樣耗下去？

怕承擔是A的死穴，像很多人一樣，寧願無情，卻貪戀溫情，消費男女情慾關係，剝削別人，逃避現實，自怨也自私。

人要自甘墮落很容易，活得硬朗自足卻艱難。所以人寧願放棄，怕一個人承擔自己，借所謂命定的愛情受害者承擔你的餘生，給你埋怨的藉口，越墮落越無賴。唉，自作賤的命，還可以埋怨誰？

賠錢的愛情

很多國內和香港的女讀者和客人都在怨命，為男友賠錢陪睡兼賠罪！

男友的卡數，男友的學費，男友的電話費，男友的上網費，男友的創業本金，男友賭錢的欠債，男友母親的住院費，男友回家過節的花費，男友衣食住行生活費，甚至，男友花在其他女人身上的開支，通通由她一手包辦。

然後，男友一句：妳給我很大壓力，不如分開，噗一聲便跳進另一個女人的錢包裏，剩下欠她永不記賬的債目，還怨她為何不好好替他記下，當然也不會良心發現地清還，理由是，愛不應計較。

這是昂貴的廉價愛情。

問題卻不盡在男人身上。女人的縱容和自虐才是賠錢愛情的死症。

女人是天生的編劇，在愛中受盡委屈和傷痛才算曾經付出過，轟轟烈烈地愛過，這是流行情歌、悲情小說和電影的毒害，女人卻潛意識裏複製一式一樣的劇情，不理好醜，自招傷口。天！罐頭愛情的世代。

放過自己吧！男人是妳選擇的，和他一起沒有愛情只賠錢，還不肯放手的話便是自導自演的悲劇，金錢和感情也不富有的妳，根本賠不起。好好待自己，重拾自己的尊嚴。

沉迷但不享受是假的

陷入偷情的苦惱中，捨不得放手，沉迷享受但說自己很痛苦。

因為對婚姻不滿足，想給自己一點驚喜，於是到網上調情，搭上已婚男人，卻不知足，幻想佔有對方的可能，要他只寵只愛自己一個。可情人再在網上尋歡，約網女出來見面玩玩上上床，慰藉過盛的貪念和性慾。OK，發誓不容情人不忠，可情人的本質便是不忠啊！對偷情的道德要求不能以婚姻的標準去審判，違反偷情的遊戲規則。只能說，玩不起的，不要玩。

貪戀情慾刺激又要控制他，他不合作便要生要死，沉溺於爭奪控制權欲多於情慾的貪念。

沒有沉迷但得不到快樂的理由，因為任何沉溺都是縱慾，潛意識裏暗中享受的快感，不放手也有不放手的利慾，能擒住情人比操控丈夫的忠貞或財富更有挑戰性和成就感吧。

心魔作祟，一切情愛和眼淚都是假的。

「我得不到他，也不要他投向別人。」經典的霸權暴力心理病態。

這個，也是妳的故事嗎？

能面對自己的婚姻問題嗎？肯承認自己任性空虛怕寂寞嗎？

別再花精力在沉淪的假痛苦上，虛渡所剩無幾的青春了。

獻給不甘婚姻苦悶，出來偷情又偷不起的女人。

是妳想壞了

A說：「明知自己愛他，便不應那麼容易放棄，為自己爭取，做第三者也沒問題。」

B說：「明知他已心有所愛，知道自己是沒有可能的，便應該放手。」

其實我們是否不夠平靜？還是真的不願意放手？如果接受B的說法，那又好像太過悲觀太負面吧！何時應該爭取、應該放手？還是待時間去清楚一切？

這是客人Y寫給我的疑問。我覆她：A是寧願盲目，B反而是理智自愛。不願意放手的，從來是自我問題，因為不甘心，不想輸，可是沒看清楚的其實是妳一早已輸了給自己的執著。假如看到B是悲觀負面的話，那是看者的心悲觀負面；看到A是積極勇敢者，是看者自己一廂情願的羨慕世上還有不放棄的執著者，所以很希望學似她，合理化自己的執著。這些都是思想的陷阱，跟愛無關。

女人容易在愛的問題上糾纏，想來想去，最終忘記愛的大前題，反而把能量花在爭霸、改變對方上，換回孽一場。

時間不會自動清楚一切的，必須提升自己的心胸和智慧，才能找到愛的明鏡。

別追求病態

我常教讀者和客人感謝自己，這是很重要的治療方法和信念。

因為，原來我們並不夠自愛，常常忘記感謝，只記得埋怨。

有客人說：「我不懂得感謝自己，即使妳說要我向自己說多謝，我也想不出原因。我常想著死亡，但不是自殺那種，是不幸遇上捐骨髓導致併發症，又或者有途人衝出馬路，我為他擋了之類。可能是因為這些，我才可以感到我的生命有價值。有時靜下來覺得腦裏空空的，有點呆呆的感覺，這樣又過一天，這對勁嗎？

其實也許我期待的並不是從自我修行中帶來嶄新的自己，反而希望那些自療時要面對自己所出現的痛苦快些來臨，我是病態嗎？」

所有多餘的思想都是病態，毋須太重視它，不要給自己追求病態的藉口。人人都有潛藏的或顯露的病態，所以沒有甚麼特別，就這樣好了。讓它來，讓它消失。

其實每天的自己都是新鮮的，每天感受自己，感受愛，重新孕育愛的感覺，把腦袋掏得空空，最美妙不過。

我們太慣性去思想，一旦發現腦裏沒甚麼可執著，找不到理由去感謝，去自愛，便有點不習慣，覺得有問題，這種陋習才是問題。

本來無一物，何處惹塵埃？

別迷戀傷口

得不到愛所以傷害自己。妳也有過這樣的傷口嗎？

自我傷害到底是甚麼心態呢？

原因之一，竟是你想自我肯定。你被否定，失去生命意義，所以你靠傷害自己，自殺自殘，滿足你有權控制生死的欲望，肯定你的最後價值，替人生套上最後的，自主的意義。

這是你挽回生命意義的虛弱嘗試，負面得很，無法幫助你改變甚麼。

因為所愛的人不再愛自己，埋首苦戀中，為了他失去自己；因為找不到理想的工作，喪失意志，你於是沉淪，無力站起來；迷失、痛苦，理性上知道應該努力改善自己，但實際上沒有方法和動力向前走，停滯不前空無奈……

真的希望治癒自己嗎？只有一個方向：從內在轉化開始，借感恩的力量，看已經擁有的，而非執著已失去的。

迷戀過往的傷口是心癮，也是慣性的病態，不要認同受傷的那個舊自己，你每天都應該更新心情、想法，讓身心靈新陳代謝。發現老是黏著相同的想法，表示紅燈已亮起，必須轉移視點，學習離開凝想和痛苦。

大部份的痛苦，都是不肯離場的結果。沒有命定的不幸，只有死不放手的執著。

別助長負面意識

經常聽到讀者這樣說：「我明白妳的意思，我也很想做好一些，不過還是很不開心，我希望不被情緒影響生活和工作，就是做不到。我是不是太差勁了？是不是沒得救呢？」

你是希望我答是還是不是呢？你是知道答案的。

你的潛意識在試探你，想你再度墮入自我否定的思想陷阱，當心！你很清楚你是差勁又不是差勁，得救又沒得救，因為這些都是吊詭的語言陷阱。我們誰都同時是好人和壞人，有希望也很絕望，能進步也寧願退步，是天使也是魔鬼，會愛也會傷害，會說謊又討厭被欺騙。

別執著了。

要是想好起來的話，日後應盡量逃避陷入負面思想的機會，審視自己慣性的問題和判斷，檢查自己是否在問一些答案是負面，或者否定自己的問題，因為這問題本身便是自我否定和自虐的陷阱，助長負面潛意識的惡勢力。

一旦陷入自我否定的陷阱中，你的意識便會和正面力量對抗，結果嗎？你也很清楚，你越來越無精打采，悲觀消極，不思進取，自討苦吃，甚至暗裏享受自救不遂的挫敗感。

返回內心觀照自己，問心，毋須問題和答案。

別介入人家的生命

L的丈夫有了第三者，她痛不欲生，很想解決問題，於是一，強迫丈夫放棄那女人，二，要求親自約她談。

L的目的很清晰，希望以妻子的身份提醒那女人不要破壞她的家庭，也提醒丈夫他是有婚約的不要毀約。丈夫不想她介入，只說給他時間處理，她聽了覺得很不安，怕他遲早把持不定，覺得她有權介入事件，理由是：「因為我愛他，我們已結婚。」

自討苦吃。

女人最不智的是總要知道很多，要介入人家的生命。兩個人兩個世界，婚姻只是一張紙。最親密的伴侶也需要自己的空間，獨自承擔和處理自己的問題。他和那女人之間的緣與孽旁人無法介入，就讓他自行處理吧。

沒有人能掌管別人的生命，管你們是甚麼關係。丈夫不想妻子接觸他的情人，因怕一切會變得太快，他未有心理準備接受，他需要甚麼可能連自己也搞不清楚，她大抵也一樣。

人總是這樣滾掉青春和緣份的，不是大家不想好好去愛，只是人有太多脆弱時候罷了。L即使現在鞏固了關係，也安定不了彼此的心。那就給大家多一點餘地，才能築出更多可行的路。

別死守婚姻

不少女人有個離家出走的丈夫。偶爾回來吃飯探孩子，隨便跟妳上床延續妳被愛和復合的幻想。妳難於取捨，説服自己還維持這段不淪關係是為了孩子，但可能更多是為了留戀失而復得可又得不償失的關係。

女人的情慾從來形而上的多，真正身心享受的少，不像男人純粹貪戀肉體和母性的照顧來得獸性和簡單。明明已經走上獨立的路，還慣性奴役自己，每星期用心燒飯等他回來團圓，上演一場家庭沒破散的假好戲，待他下床穿衣離去後，妳還是淚流滿面騙不了自己。

別再欺騙自己了，妳原來承擔不起他的任性和自欺的傷痛。

毋須守住一個他，一個名份，無了期的拖累。該過去的應該讓它爽然過去，**歲月才是最真實的**，關係卻可以很單薄。親近他若不能為你帶來正面的能量，只會越拖越累。妳無法擁有他，妳只能擁有自己的生命和生活。

放得下才有新轉機，命運本來便是依照你的意願自轉的軌跡，就等你一個決定，生命將瞬間改變。

不要等待別人施捨愛。離婚不一定是答案，但結束偽裝的親密關係，卻是自愛和重生的開始，值得三思考慮。

別讓欲望大過愛

人感到不快樂，不滿足，得不到愛，不被理解，孤獨寂寞，最大的問題在於無法觀照欲望在蠕動，更莫說管理得宜。

欲望是正面的能量，讓人向前走，尋找生命中更美好的、進步的東西。可是，人最大的心魔之一卻也是縱慾。試想想，每天干擾我們腦袋，令自己感到很不自在，想釋放壓力，但又諸多顧慮的，正是這些易放難收的能量的蠢動：性慾、愛慾、佔有慾、虛榮慾、權力慾、逸樂慾……慾慾無窮。

愛情，甚至是一般男女最大的欲望，雖然大家都不知道，還以為愛得純粹，付出得偉大。

其實，欲望只是能量的反應，是一股能量試圖湧出來，平衡自己身心內外不協調的自然反應，原本是有其正面意義的。

貪心的人有很多欲望，謙虛的人也有欲望。和尚有和尚的欲望，平凡人有平凡人的欲望，神職人員也有他們的欲望，這裏並不存在問題。**欲望是取受(take)**，愛是**施予(give)**。問題在，當欲望強過愛時，你會嘗試說服自己、維護自己、掩飾和自辯，欲望的能量便會自我放縱，從正面變負面，影響自己和他人。愛頓然變成放縱欲望的藉口。

難怪，當欲望大過愛時，愛侶之間只有折磨和傷害，不再感受愛，不再維護愛，甚至早已忘記愛。

處理欲望，我們需要覺知與承擔。要承擔，需要成熟穩定的人格。我們沒有否定欲望的必要，正面運用欲望的能量，你會變得更積極和富有創造力。其相反的毀滅性可以很驚人，這點你是知道的。

固執害死你

很多人都問過我，每天收到那麼多感情來信，最普遍的個案是甚麼。我可以用5個字總結：固執害死你。

譬如說，我們的思想。臨床治療經驗告訴我，學歷越是高，知識型的女性，越容易死執感情不放手，比無知女人更盲目、更不懂分寸。

曾經一位唸過很多書的女客人，她盲目愛上一個男人，感情一開始便太勉強，結果分手，她不服氣，不斷質問他為何可以那麼對待她，死命迫問他到底是否有愛過她，不甘心被他拋棄。我只問她一句話：「問心，妳真的很愛他嗎？」她呆了一呆，坦白說：「其實他不是我很愛的男人。」她最愛的是個已婚漢，兩人地下情已很多年，她也一腳踏兩船。可是她會為這個拋棄她的男人茶飯不思，嚴重失眠，每天把他的名字寫很多遍，然後狠狠撕毀，再痛哭一場自覺很辛苦。

最戲劇性的是，她說這是愛。

明眼人也知道這是執著。過於用腦袋，擅於分析和重視面子的人，容易敗在自己的思想陷阱裏，自製思想困局，自覺應有能力駕馭愛，卻不知愛不在思想裏。

愛和以為知道甚麼是愛是不同的，前者是自由，後者是死執。

路走得很孤獨

Ａ戀愛多次，每次都希望男友和她一起成長進步，結果是對方受不了壓力提出分手。Ａ不明白自己錯在哪裏。

要求和愛人一起同步走可以是很美麗的戀愛路，同樣也可以是壓迫性甚至強求的結果。對方若總是比妳懶散慢幾拍的話，妳應反思可能是妳選錯了對象，但關鍵是，世上沒有完美和正確的愛情人選，妳得在過程中調校自己的步伐。

不要強求對方必須和妳同步才算相愛，其實妳根本不很清楚對方到底是否像妳所想一樣沒有開步，妳甚至是否永遠走在前也可能是疑問。

判斷永遠是主觀的，我們走得累，能量不夠時，自然覺得身旁的人沒有走得像妳那麼快，讓妳感到孤獨，覺得他沒有努力，他在落後，他不重視妳。事實卻可能是妳走得過急，或者走錯方向，所以大家都在分叉路上互相等待或埋怨。

要看清楚大家的步伐是需要智慧、很大的自信和自愛的，不夠自愛力量的人容易覺得氣餒和孤獨，於是要求別人遷就自己，拋棄他的路，走上妳的路。妳連自己的章理也亂了，怎能要求別人跟妳亂走呢？妳肯定自己的路是正確和從容，不會誤入歧途嗎？

先走好自己的步伐，才有餘地看到同步者的足跡。

孤獨 VS 合群

我的書和專欄常寫關於孤獨的課題，卻令不少對「孤獨」字眼先入為主的讀者以為我只說人必需孤獨，不需要合群。

這是誤會。

寫孤獨，因為大家執著從旁人身上找生命和愛的價值，逃避面對自己，害怕一個人。所以我提醒大家人性孤獨的本質，不要否定，也不可能否定，應該正面地接受。

可是，人在生理和心理層面其實都需要愛和被愛，需要和被需要。整全的愛，除了自愛外，也必須透過他愛體現。

愛不只是超越的、心靈層次的精神狀態。母貓會透過舐小貓令牠快些長大，困在氧氣箱缺乏姝姆撫摸的嬰孩大得很慢甚至難以長大。愛撫和照應，是哺乳類動物的成長需要。成長缺乏愛，將來也不懂得愛。

人是情感連繫的動物，情感難以自足，那是互動交流的能量。和別人相處時放下自我，表露自己的堅強和脆弱，誠實和虛偽，有血有肉，有情有愛，肯定自己和別人的價值，接受和承擔，分享和釋放，親密地保持距離，保持適當的身體接觸和語言交流，在人群中活出完整的自己，這便是人需要愛和被愛的真相，獨立地依存的人類存活狀態。

人需要親密關係，需要追尋愛。毋須執著一個人，兩個人。你不懂得在人群中散發愛，你的生命你的愛，只能是脆弱。

愛是孤獨的

別搞錯，以為我在為愛情製造空泛的口號。我說孤獨，意思不是一般人害怕的所謂「寂寞」。Alone和Lonely是不同的，前者是存在的本質，後者卻是負面的情緒反應。

愛是孤獨這說法，是指我們難免愛得很自困，自編自導。因為想抓緊，怕失去，結果難於滿足，即使你深知要互相尊重，就是欲望太多，無法專注，自挫愛的信心。

他的每一個舉動你都在暗暗評價，希望他不是這樣，應該那樣，希望對他瞭若指掌，又不敢宣之於口，怕他嫌你煩。原來，能做到維護彼此尊重又內心平衡是很難的。

他為何說那句話呢？他在輕視我嗎？想和他親熱，他會嫌我隨便嗎？想他說聲愛我，他為何老是不肯說？他又忘記我的生日，他的心到底在哪？他看足球比賽比跟我做愛時更投入，我連足球也不如嗎？

太多問題，你一個人孤獨地自問自答，自製危機。看，愛的路多委屈多難受啊！

然後你會在跟他吵架時一句：「你從來不顧及我的感受！」把積壓經年的鬱結傾盤爆發，叫他一頭霧水，也感到委屈，不明白女人到底心裏想甚麼。

更吊詭的是，連你也認不出自己的心。想逃避孤獨，卻寂寞難奈。

無人明白我

我們或多或少都說過或想過類似的話：你未經歷過，怎會明白我？

情感受傷害，家庭矛盾沒解決，工作得不到平衡，容易讓你陷入自憐傾向，覺得自己好累，沒有人理解，活得真慘沒出路，不是沒試過自救，就是欠運氣，永遠是人家求醫會得救，輪到自己便沒效果。

這是典型的悲觀負面心理，總覺得自己不行。你不明白我，因為你比我幸運，沒受過我的苦。對，因為這是你的苦，抱住它你便是天下最孤獨的可憐人。你甚至會合理化自己的想法和感受，因為邏輯在你腦袋裏，沒有溝通的餘地。

人最大的敵人，是自創私房邏輯和真理，你便是真相，你編寫命運，你便是你。

自圓其說之餘又不忘找聽眾，借無人明白你的事實泡製孤單的宿命。直至成功地建立失敗，痛苦但滿足，這樣又一生了。

舞臺是你的，自編自導兼自演，抓一撮觀眾可憐自己，無人明白便是好戲。難怪成功的演員並不一定快樂。

唉，不被明白有甚麼稀奇？煞有介事才是幼稚。

有自信的人，不在乎是否被瞭解，只會先解放自己的固執。

我們活在自己的世界裏

D在短訊說晚一點再聊，男友卻以為她說晚一點打電話給他，結果苦等了一夜，心想她在玩他並不愛他感到很受傷。是他太軟弱，還是靠語言溝通的感情太虛弱？

你說有愛並不一定要結婚，她卻認為你在暗示已不再想繼續愛下去；你有良好的意願希望為所愛付出一切，可你在實際生活中的無能卻令對方為你耗盡能量；你以為把所有時間留給他就是最大的愛，他卻感到窒息希望愛得遠距離一點；你以為有愛便是一切，卻不知道單有愛並不足夠養活愛，因為生活和相處的難度遠比你想象中的愛更高。你以為你已經做到一百分，對方卻寧願你只做五十分，樂得清靜少添煩。

我們都活在自己的世界裏，再細的心思、再遠的眼界、再高的智商，在博大複雜的人海群裡，也只不過恒河沙數，沒有死執的必要。

我們都只懂得以自己的判斷看自己，看別人，把聽進去的看入眼的扭曲變成自己願意相信的「真相」，製造誤差的真理。

是我們都沒法溝通得好，也是我們根本缺乏溝通的開放基礎，活在舊記憶和智商裡，無法放下自我，接受別人，讓關係新陳代謝不老化。於是，關係中有太多或美麗或惡意的誤會，溝通永遠有沙石，磨擦多了便成害。

太多感情只建築在一廂情願的海市蜃樓上，越想靠近越只願相信自己不信人，再走近一點才發現泡影一場幻得幻失，孤影自憐，怨天尤人，質疑對方的機心，否定曾經付出的感情。

我們就這樣把一段感情推向墳墓。

相愛不一定能一起

很多人都不知道，其實自己依戀愛情，只不過是貪戀的欲望勾起的心理反應，跟愛無關。由欲望產生的愛戀感覺不能帶來真正和恒久的快樂和平靜，只會換來絕望苦戀。絕望人的愛戀方式都有一個共性：愛到肢離破碎，看不到情慾和執著惹出禍，分不清這是害還是愛，簡稱愛得很盲目。

能相愛的，不一定能在一起，也不一定應該在一起。有時正因為不能在一起，對愛人少了苛求，反而愛得更從容，更容易珍惜，感受到福樂，這是你不願意也要接受的愛情真相。

人與人之間聚散有時卻無期，愛一個人，是體現自己有沒有能力抓緊幸福的機遇。人生多變，我們無法掌握一切，但我們有條件學習如何抓緊情緣、改變心態和提升愛的質素，這些都是自我修養的範圍，其他的，請留給上天，別累壞身心，妄想太多。

愛得過累便要停下來。死守的愛最快消逝，瞞騙的愛不君子也嫌醜陋，佔有的愛最暴力可恥，害怕失去的愛，不可能產生安全感。來來去去，還是愛得不夠清廉自在，煩惱自尋。

愛不是信命得來的僥倖，人總要付出和成長。

量力而為，問心無愧，你將愛得心安理得沒遺憾。

懦弱也是一種欲望

K離婚了，原因是無法接受丈夫總是活在回憶裡，埋怨童年的不幸。K覺得世上比他不幸的人大有人在，他的不幸在大千世界實在微不足道。可是當他的不幸得到另一個女人的憐憫，撫慰他的痛處時，他便變心了。

她說：「他過去的不幸造成了我今天的不幸，是他毀了我的婚姻。」

她的不幸到底是甚麼呢？若真有不幸的話，那肯定是她感染了丈夫對萬事不幸想法的病毒。對於一段已變壞的婚姻而言，離婚到底是禍還是福呢？對於一個停滯不前的人，給他再好的關愛也會變成否定他、不諒解他的壓力。離開才是真正負責任，可人性的弱點便是泥守、害怕失去。

懦弱也是一種欲望。

所謂不幸，要不是人力無法抵禦的天災，大半都只不過是自製的宿命。利用過去當作材料，泡製現在的不幸，説穿了，其實不外是為現在活壞的自己找藉口，缺乏修補自己的勇氣。這些人，不願意承擔自己的成長，只想永遠做長不大的超齡兒童，討別人的犧牲和愛。

人最大的不幸不是遇到不幸，而是負面的心把一切變成不幸，逃避堅強。

過去沒有力量毀掉現在，因為氣數已盡的過去還能做甚麼？有的，也只是我們糾纏不清泥著的心，死抓過去糟蹋自己，引證弱不禁風，一無所有的現在。

沒有誰能毀掉我們，除了自己的心。

面對生命，我們應有活出新陳代謝，重頭再來的勇氣。

自戀與悲觀

A說自覺身上帶著很多負面的能量，是個天生悲觀主義者，是那種口是心非，在朋友面前裝得很快樂，又常常幻想自己成為悲劇中的女主角，其實很清楚自己是害怕孤獨。

她像很多人一樣，在日記上記下大量不開心的經歷和感受，日後重讀令自己更添哀愁，強化悲劇的宿命感。覺得自己很需要愛，可是沒辦法ask for(索求)愛，也不清楚自己為何會這麼害怕ask for love，就這樣困在自設的思想悶局裏。

是痛苦和自戀的典型行為模式。

愛是不可能ask for的，我們只能從自愛開始。愛的來源是我們的心，而不是向外取求。不愛自己，將不知道甚麼是愛，即使它已經站在妳面前。很可笑，我們經常是這樣把愛趕走的，然後埋怨愛沒出現過。

悲觀不是活壞的藉口，成長的責任，便是不論悲觀還是樂觀，不理好運還是悲劇，不計較條件優越還是差勁，我們一樣勇敢地面對，站起來，向前走。到最後，妳會發現，一切不如意事，都只不過是慣性和選擇的結果，跟際遇和事實無關。

妳是自己的主人，毋須乞求愛，愛永遠是大方呈現和分享的，條件是自愛。

一個人過節

編輯好友J在雜誌編者話裏說：「一到中秋，我特別怕一個人。」

客人B在提交給我的治療表格上「你最想改變甚麼？」一項中填寫：「希望中秋不再一個人。」

那天，和剛離婚的女朋友S聊，她如釋重負地說：「終於可以一個人過中秋了。」她被丈夫精神虐待了7年，近年才終於鼓起勇氣站起來，毅然離開，學習放下，好好愛自己。

中年男朋友E，瘋狂地愛著一腳踏兩船的年輕貪心女網友，明知被對方玩弄和利用，也心甘情願為她守候，他知道小女友很快會玩厭離開他，問他最希望得到甚麼，他認命地說：「沒他求，只願跟她過一個浪漫的中秋。」像狗乞求一樣的可憐。

一位高二學生來信，埋怨高一女友不肯和他上床，決定在中秋夜甩掉她，給她一個一生難忘的教訓。

10多年前的中秋，我也曾經跟最愛也最恨的男人吵架，一個人夜半跑到海灘，在歡天喜地的人群旁邊黯然落淚。

夠了。死命執著兩個人，最終苦了一個人。人生自是有情癡，此恨不關風與月。

瞧，月亮永遠孤獨自足，卻比人心澄明靜亮，她的圓融，便是愛。

中秋節，應該學懂看月亮。

很配≠可以愛

有位讀者向一位男性示愛被拒了，不甘心，向我大數她如何如何跟他合拍，擁有很多共同的嗜好，總之便是很相配，沒理由會被拒，她說願意為他付出一切，甚至是犧牲也願意，因為這是愛的表現，渴望始終會令他明白她的愛。

天，她搞錯了，愛不可能是一廂情願盲目的付出，以為付出一切便是愛，幻想為他犧牲多麼浪漫和淒美，誤信合拍便是天意，沒有不能相愛的理由。這種想法很幼稚。

我們必須知道一點：相配並不等同可以相愛。愛情是否能發生，關鍵並不在於兩個人是否很合拍，擁有多少共通性，反之，愛情的意義在雙方是否能分享彼此之間的差異，學習包容，豐富大家的經驗，互補不足，提升生命的質素。

只願意著眼合拍處，迷執一個和自己一模一樣的影子當作愛人，這跟自戀有何分別？光是因為合得來而投入愛，感情可以來得很強烈，卻也非常脆弱，除了相似外沒有得著，無奈天下影子感情關係多的是，太容易崩潰，經不起考驗。

愛遠比找一個伴侶更精彩，更有意義。為一個合拍而愛不得的人盲目付出絕對不偉大，只不過是借對方製造自戀和被拒絕的苦戀快感罷了。

愛到失眠

原來每個晚上，都有很多夜班腦袋在趕工，還有痛得要命的傷心和淚水，湊合一個夜。

因為愛情受傷，因為執著自己和別人，怨天尤人，超標亂想，腦細胞過度活躍，影響生理時鐘的運作，睡不著。

怎樣忘掉他，怎樣才能睡？愛他愛到失去自己，精神折磨快瘋掉了。

不少來找我的治療客人都有這樣的失眠症狀：難入睡、容易醒、難返睡。心越急，思緒越雜亂，越無法定神，耗到清晨又一天。

愛到錯亂，便是害。

先處理失眠問題，不要處理愛，反正問題正是妳失去處理愛的能力，多想一萬年還是沒轉機。治療心病，不要否定從身體入手的好處，那是妳唯一能從思緒暫時轉移注意力的入口。

失眠問題跟感情和其他問題都一樣，是妳太過關注它，打擾了它的作息。不妨試試以下方法：臨睡前少專注思想或工作，做些輕鬆的事，就寢時把手按在頭頂(八會穴位)和額前眉心的地方(第三眼)，從掌心給自己一點能量，默默感謝自己一天的辛勞，告訴自己現在要休息了，重點是感謝自己。也可試用中藥或針炙調理安神。

心神定，休息夠，才有清醒的餘地面對愛。

為方便而愛

人到底為何無法離開苦戀呢？

這是戀愛最常出現的困局。當兩個人走在一起，互相已建立了信任和相處模式時，突然一方改變了，又不能透過溝通處理矛盾的話，便會引起另一方的感情騷亂。問題是，一切已成慣性，你已不想改變，甚至不想再費神找另一個愛人，所以為方便而設法維持關係繼續愛，捨不得放手，你以為自己還很愛對方，其實已墮入苦戀和自虐的病態程式。

和他一起你失去了自己，你還死心塌地不想離開，事情早已不再是愛的問題了。他正是能讓你苦戀的人選，因為你原來無法面對真正的愛，你已習慣了受苦，受苦讓你感到愛情的偉大，有機會犧牲自己，這樣的愛很浪漫吧。

小心，別中了廉價愛情小說和電影的毒。苦戀中常想到的是：要不要放棄他。可我告訴你，你要放棄的不是他，而是你自虐和苦纏，為方便而死守關係的慣性。把你折磨成死去活來無法自處的樣子不是他，而是你人性的弱點。別把責任推卸在他身上，他只是做回自己而已，可你卻因為他失去了自己。

做回你自己，向自己的感受和情緒負責任。人只得一生，青春更短暫。

生日病

你們已經分開了。妳怕孤獨，借快生日想見他，證實他還可以在身邊。於是妳放縱自己做不應該做的事：把他抓回來，那怕是幾小時也好。雖然明知會更痛苦，還是寧願事後後悔，就是控制不了。

下星期是他的生日，妳要做點甚麼，告訴自己分手也可以是朋友嘛，這是友情。

買東西，發短訊，約見面，送禮物。天，他說忙推了妳，他說不用了謝謝，他說他可能會出差，他其實和另一個她一起慶祝。妳埋怨他為何不顧妳的感受，為何對妳這樣殘忍這樣狠？

下星期是妳的生日，以往每年他都花心思和妳慶祝，今年他還會約會妳嗎？他會送妳禮物嗎？感情一去便不留依戀嗎？那個她真的比妳好更值得去愛嗎？為甚麼妳的電話還未響？他不約會妳嗎？他忘了妳的生日嗎？他真的那麼絕情嗎？

自討苦吃。

生日只是藉口，怕孤獨才是事實。慶祝生日是存在被認同，愛發生過的印證，他必須重視，才算愛過妳。現在不愛妳也沒關係，陪陪妳便可以了。當然他來了，妳又會老毛病發作，貪婪舊關係，問他老問題：你為甚麼這樣對我啊？

原來我們介意剩下一個人，不是沒有愛。

靜心愛

學習放過自己，
原來比學懂怎樣去愛更重要。

靜心愛

怎樣才算自愛

很多讀者說，我常說愛的第一步是自愛，問到底怎樣才算自愛。

這問題反映我們真的活得很失敗。

自愛是生命最基本的原動力，像吃飯呼吸一樣自然和重要，偏偏我們卻失去自愛的本能，經常自虐危害自己。

不要從「理解」去自愛，當你明白自愛是甚麼時，你便以為自己已經自愛了，這是天大的思想陷阱，可惜絕大部份人都選擇這樣自欺欺人，結果甚麼都沒改變過。

自愛不是想法，而是最具體踏實不過的作息活動。遇上不幸和苦痛，你得先放下一切，狠心地將未解決的所有問題擱在一旁，先強壯身體，不問理由，這樣才算真正有誠意和決心去自愛。

不要說服自己因為問題尚未解決，所以生存沒意思。我只能說，沒有生命的話，其他一切都只是想法，連信念和意志也無力建立，包括愛情、親情，和一切感情。沒有健康的身體，不可能有精力和智慧看穿問題，活出愛。

最有效的自愛活動都是免費的，別給自己逃避的藉口。從最基本入手：平靜呼吸、保養心臟、微笑、行善。心是主宰情緒的總部，打開心胸是自愛的第一步。

你若肯接受這點，才算真心自愛，出路將是無限。

愛到把心也溶掉

一位讀者跟我分享她的自愛經驗。

她說，那天聽了我的心性講座後，發現很奇怪的事情：「妳曾說過有關自己在一次重整能量的靜心過程時，戴上了能量很好的水晶，把心打開，對生命充滿感謝，心口突然出現像溶化的感動，感動到眼淚湧現的情況。這種情況我居然昨晚也經驗了。

由於我近來學瑜伽，學過靜心呼吸，昨晚睡覺時不知為何就在做這種呼吸，做了一陣子，便有血脈流動的感覺，然後眼淚便流出來了……那種感覺真的很奇妙啊！就是妳所形容的所謂心在溶掉的感覺嗎？」

這位讀者所體驗到的，也是不少人體驗過的經驗。當我們放鬆自己，或者放下一切回歸自己的內心時，觸動到內心最溫柔的愛的能量，身體在充滿正面能量時自然會感動，因為愛在回應你，像愛人一樣親吻你、擁抱你，讓你感到存在的幸福。這便是非常自然的、自愛的力量。

很多讀者問我到底甚麼才是自愛，我告訴你，自愛可以愛到把心也溶掉，你願意一試嗎？還是，你只管問如何，卻沒有行動？

愛，不會在問題和答案裏出現的。

愛到把心也溶掉，只要保持觀照，便是最真實的愛，不用質疑，也並不神秘。是這種愛在不如意的生命中養活了我們的信念和希望，讓世界繼續前進。人情世態即使有多負面，愛也對生命不離不棄。

這，便是自愛。

自愛VS自戀VS自私

你能分得清自愛、自戀和自私的分別嗎？

簡單而言，自愛是愛到放下自我的境界，對自己不離不棄。很少人能真正自愛，因為無法放下自我的執著，又容不下別人，無法做到豁達從容。

自戀則是自我放縱的結果，包庇和維護自己的缺點，原諒自己的一切，太在乎自己，容易忽略別人的感受。

自私卻是包庇自己之餘，同時剝削別人，苛求別人，希望或利用別人成全和遷就自己。自私的人不懂得愛，自我中心，無法與人同情共感。

自愛的人散發愛，自戀的人封閉愛，自私的人要求愛。

先檢查你自己屬於哪一種人，才有能力替別人定案。能做到不自私，覺知到自戀已經很不錯，再修下去，才是真正的自愛。

其實，這也是一條問自己是否有錯愛的問題。

很多人都不清楚自己是否愛錯了對象，以為和愛人合不來的原因是因為某方太自私或太自戀，或者只知自己不夠自愛，卻不知原來自己從來太自私，自戀到拒絕去愛。

只有願意自愛的人，才知道自己到底有沒有錯愛，是否活在愛之中。其他的，只是在愛的概念上兜圈轉而已。

等誰拯救等誰愛

經常收到讀者的來信，大部份都是能量很負面的訊息，等待拯救和被愛。

不少讀者問，妳每天接收那麼多負面的信，會不會很辛苦？會不會很孤單？妳不快樂時會向誰人傾訴呢？

我相信自愛。

自小便看破情感依賴的結局。跌下來，活上去，最終只能靠自己。每個人都有能力治療自己，關鍵在是否願意走出一步，是否還相信愛。那便由自愛做起。

最近一位治療客人依照我教她的方法，將負面能量轉化成正面，後來收到她的來信：「素黑，第一、二天覺得整個人好像會發光，漸漸發覺開始愛上了自己，每晚做完妳教我的運動後，我會跟自己說晚安，但這幾天我竟然跟自己講I love you，相信這是進步吧！」

另一位讀者，跟她聊過後，散了心，她回了我一個令人感動的電郵：「今天我躺在床上，用吃剩的哈蜜瓜皮敷面，馬上收到一段訊息：不要再執著，跟著便哇啦哇啦哭個不停，心裏沒有不快，像是要釋放甚麼似的，望著窗外的陽光，覺得自己很幸福，心里不由自主向初戀男友道歉，祝福他。」

愛的喜悦沒有離開你，只要你願意接近她。

要做愛的太陽

你感覺自己還欠缺甚麼，所以得不到愛嗎？

每個人都擁有像大地孕育生命一樣博大的內在資源，只要返回自身，抓緊這些資源，我們將變得很富有，不再執著付出，不再介意別人的錯，得不到愛。

愛應該像太陽一樣源源不絕，我們原來便很富足，還需要甚麼？怕失去甚麼嗎？

我們的心一直支持著我們的生命，無條件地為我們運作、修補和療傷。學懂釋放、付出、let go，心胸便會打開，心眼便會張開，看到人世間最寶貴的價值。

感覺可以很脆弱，愛卻是堅定不移的深邃。

別做愛的乞丐，要做愛的太陽。能付出是幸福的，能享受付出更幸福，你將感到內在的充盈，你將不再容易受傷，不害怕孤獨。

要打開愛的心胸，先學懂感謝！感謝身邊出現和消失的人，他們一直默默為我們的生命服務，那怕是列車車長、清潔工人、運報工人、養育你成長的父母、還不離不棄包容你諸多缺點的愛人，或者不知何時出現的愛情。還有我們的身體，那些一生一世付出的器官、年中無休的血液、每組支持你平靜和激動的肌肉……

讓愛的太陽照遍你全身。

你是黑暗和光明

D寫信給我求救，我看穿了她的內心，更正了她的負面想法，後來她開悟了，承認病態求醫的心理：「素黑，首先衷心向妳說聲謝。之前找妳，我是想向自己證明一位治療師也幫不了我，讓我多一個理由了結自己。我從來看事情總是看負面，我的世界只有黑暗、眼淚、被遺棄、被遺忘。如果不是有妳，或許我真的走了一條不歸路。

在未寫給妳之前我每天都問自己，到底我做錯了甚麼，為何我付出了這麼多，居然得到這樣的下場？我可以和一個不認識的人3日內發了500多個短訊，真不知所謂。現在我明白了，原來我一直欠缺了一樣很重要的東西：自愛的能力。

妳那句話打開了我：失落的另一半並不是要向外找，而是要向內找。我終於開始喜歡自己了，即使走在人多的地方也不再害怕。感謝妳把光帶進我的世界。」

每個人都有脆弱時候。

我們慣性執著光明拒絕黑暗，變相壓抑了內在黑暗、混沌、無助和脆弱的本質。沒有黑暗，光明也不成立。光明不從自我而來。

只要接受自己，讓自己發亮，你便是黑暗和光明的整合，不再二分了。

感情用事的真相

人是多情的動物，還是思想的奴隸？

感情豐富的你，看清楚情感的真面目，當知道為何你總是傷感的多快樂的少。

感情受制於七情六慾，七情指喜、怒、憂、思、悲、恐、驚七種情志變化和情緒反應。情感原是中立的，每項都有其正面養生的價值，過火便成害，連喜樂也不例外。

中醫認為過份的情志變化可損傷不同的內臟：怒傷肝、喜傷心、思傷脾、悲傷肺、恐傷腎。人重視喜，否定其他，六比一，難怪你痛苦比快樂多。孰不知喜也可以變成害，是你的腦袋在判刑。

情緒原是能量，能量本來沒有好壞，我們卻喜歡下判斷，自製痛苦。戀愛過的人都知道，你高興時他的好便是愛他的理由，情變了，以往的好變成現在的惡。於是，溫柔變成懦弱，豪氣變成粗魯，關懷變成囉唆，愛變成煩，不斷發奮變成一事無成。瞧，你是感情的主人和奴隸，你的腦袋改變整場愛。

七情以外，欲望同樣可泯滅心性，但沒有欲望，你便沒有幹勁和魄力，失去sex appeal(性吸引力)，過早更年期和老化。

愛中有情慾，不用否定或縱容。上天給你的都有價，在乎你如何運用和安置它。

超越性慾可以嗎

有位男讀者告訴我，他和妻子感情很要好，可是性生活卻不協調。

他感到不滿足，可是妻子對性的要求卻很少，他卻需要很多性。於是，他努力和妻子開放地溝通這方面，自己也研究很多古今中外性知識、道德和哲學的問題。

最初他向妻子講解很多，她卻聽不入耳，依然故我。結果他半放棄了。他說：「我會履行丈夫的責任，做就讓她來高潮，不做就算，也不強求了。曾經跟一個和尚談佛學，他教我坐禪。我練了九天，剛有一點感覺，妻子突然出現抱住我，她有需要了，於是便做愛，那次我竟不再早洩了。我相信是參禪的良果，我想修煉到可以超越性慾，這樣行嗎？」

我告訴他，女人對性的態度和觀念很複雜，背負著很多道德、危險心理和現實生活的負擔，例如要抓緊安全感、要帶孩子、生計和面子問題等等。男人是很生理性的動物，女人比較複雜一點，他應從這些先去體諒一個女人，而非單從思想哲理出發。

他要是希望藉性的修行超越欲望和身體的話，可以修煉更高層次的性體驗。但當小心的是，這是修行，但不是禁慾。不過他們的問題不只是性的問題，不如先處理好溝通關係更實際一點。聽從身體的反應，看清楚自己到底是借參禪的「高」情操掩飾「低」層次的性慾望，還是真心想和妻子同步享受和分享性愛的樂趣，提升夫妻關係。

性慾還未破，談不上超越。

轉化欲望能量

P自覺欲望太多，令自己無法專心做事和愛人，問我應該如何壓抑欲望。

小心，這提問的背後是一套將欲望負面化的價值觀，以為欲望對情緒和道德製造了干擾，造成害處，所以必須加以否定，忽略了欲望的正面意義。

我們不要否定在自己身上存在的一切條件和能力。擁有欲望也是一種能力，一種本能，但凡是本能，必有其存在的正面功能。欲望是力量，是推動力、生命力、創造力、向前發展的生命原動力。**沒有欲望的人跟死魚沒分別，但縱慾的人卻跟野獸沒分別。可是，人應該可以比死魚和野獸更高級**。

不懂得管理欲望，才讓欲望變成侵蝕心智的負面能量，令人心亂、失控、倒退，嚴重者淪為沉淪心癮的心理病態。我們要對自己的欲望行為負責任，不要用任何理論如生理結構論，性別定型論等概念合理化、可憐化自己的欲望失調問題。

別費勁否定欲望，它無可無不可，問題在你自己的內心。

或者你說是別人的欲望打擾了你，讓你不安。其實說白了，只是你的欲望被別人的欲望反映出來，才令你不安，想抗衡和否定它而已。看到別人的欲望感到不安時，其實同時在看自己的欲望。

你需要的不是去除欲望，而是找一個平亂的定點，覺知它，接受它，轉化它，不留判斷，你將不再被打動的能量干擾，反而能有效地將欲望能量循環，轉化為滋潤生命、孕育愛的有機動能。

超越個人滿足

我們總以為自己已付出了很多。可是，當我們想得到肉體快感，或者要討好對方，費心思體諒對方時，自我、惰性和計較的本能往往勝過原來希望付出愛的單純願望，在滿足欲望的抉擇關頭，我們都寧願先滿足自己，因生理需要之名，因體力不濟之名，因條件不及對方之名，因已付出太多筋疲力盡之名……總之，我們選擇了自我，說服自己思考過愛便已愛過了。原來最終，人只愛自己，愛情是假像。

證明你的愛不夠力量。

當愛很強大時，個人的滿足早已不再重要，看到所愛的人因你的付出而快樂，容光煥發，更加積極地活著時，所換回來的滿足感能超越個人欲望上的滿足。這是愛的真正力量，你把愛修得很好。

常聽到女人埋怨男人不肯付出，太多嗜好太少心思，漠視女人的感受和奉獻。原因也許是因為男人表達情感的方式太貪乏，欲望過大無法平衡愛慾，終其一生在欲望中進進退退。女人較容易傾向將欲望轉化為愛，先放下個人滿足，先去滿足別人。可是，女人也同時傾向泛濫母性，過份為別人付出而失去自己，理由不是擁有更大的愛，只是愛得太愚昧，想做愛的聖人，也是貪欲。

相反，若能真的愛到放下個人滿足，出發點是自愛而不是自虐的話，那麼，無限的愛，超越個人滿足的喜悅將會出現。最終有人還在欲望中掙扎，有人已變得無限包容甚至成佛成道。

成人成佛還是成為奴隸，都是你覺知和選擇的結果。

修補壞關係

我是個物質欲望奇低的女人，最怕shopping買東西。

擁有可以是福氣，同樣可以是負擔。

可惜物質主義的世代，字典裏早已失去兩組詞：「修理」和「節儉」。

我卻活在前物質年代，喜歡修理壞掉的東西，捨不得丟掉，覺得丟掉總是太浪費。譬如，我會把斷了的剪刀修補，把穿上10年的破褲用針線補上，甚至學人家把斷了的太陽鏡框用強力膠黏縫合，斷了臂的雨傘用萬子夾修好……

我很空閒沒事做嗎？不，誰都知我是忙得要命的狂人，可修補的藝術，正是我忙中偷閒，修心養性的環保信仰，也是精神生活必要的食糧。

世上有甚麼是不能修補的嗎？有很多，但在乎你想修到哪個地步，要完好無缺便是執著，要環保循環再用便是節儉，最終修不好的唯有丟掉的話，便好好感謝曾經出現過的東西，接受，說再見。

這是修補的藝術。

很多人收藏太多完好不用，沒用過多次，或者一用便用壞的東西，如化妝品、衣服電器和一大堆無力面對和處理的心事，譬如感情。我們懶去理、羞於理、不敢理，讓它擱置，早已過時，表裏都損壞了，卻不去修補，又捨不得放棄。

不捨得又不修補是感情的脆弱。**我們都想修補關係，可是因為粗心大意、寧願懶惰或追求奢侈，最終令我們放棄，失去修補的能力**。所有的錯都是對方的，所有的不幸都是自己的。瞧，你不只搗壞關係，也搗壞了自己。

叮熱變冷的關係

我們都愛得太緊張。

放鬆下來，會提醒自己別偷懶，怕愛會溜走；做了不當的事，又責怪自己再錯便會被拋棄；關懷對方，又告訴自己其實可能很傻，對方可能並不欣賞自己；付出了，又計算是否值得，不付出又怪自己沒感情……

瞧，我們無時無刻都活在自我判斷的陰影下，自製壓力和焦慮，過度質疑，最終無法接受自己，處於長期自我否定中。

無法接受自己的人，也不懂得愛自己，愛別人。

難怪我們都活得很虛擬，感受不到愛和被愛的真實。

問題是我們愛得太用力，把愛複雜化、道德化，愛得驚恐不安，還未得到已害怕失去。

過份詮釋愛侶的說話和行為，過份代入受傷戀人的角色中，患上不同程度的強迫症、妄想症、驚恐症和抑鬱症。這是瘋狂的病態。

愛情關係裏，毋須做任何事情都要附帶意義，向自己和戀人交代。

能做些毫無意義的小事情調劑愛情生活，讓身心休息一下嗎？

能不能放鬆下來，做些讓自己開心的小事，像微波爐一樣叮熱變冷的關係？

你放鬆、開心的話，關係才會好。唱首走音的歌錄到他的iPod去，畫張笑臉貼在他的電腦螢幕前，每天少說幾句多送傻笑，抱著有緣相遇的甜蜜心情珍惜每刻的相處，放下為對方承擔甚麼的道德責任……

愛不是包袱，也不是育嬰，應該不忘享受和快樂。做最簡單的事，便是最大的快樂。

自療的力量

最近和幾位客人做過定心療法，效果令他們非常訝異，親身體驗過自療的力量，居然比想象中更強大和快捷。無他，因為治癒他們的，是發自他們內在的力量，不靠外力。

他們向我展現充滿生命力的精神狀態。其中一位事後告訴我：「自從上次向妳傾訴完後，我把妳的書重讀一遍，心裏產生一種前所未有的舒服與安詳感。那種感覺實在難以形容，總之原本沉甸甸的心，忽然變得輕飄飄，甚至連整個人也好像處於無重狀態一樣，非常舒暢，好像能飛起來似的。那一刻我才意識到自己在過去一年被自製的情緒與不忿壓得半死！真的很笨啊。但是，我沒有罵自己笨，只是感謝自己終於醒覺，不再糾纏，然後，我也不知道是甚麼原因，嘴角經常不由自主地泛起微笑。同事問我有甚麼開心事情發生了，我答不出來，但我肯定是那種輕飄飄和無重的感覺使我釋懷。我很愛這個我。」

另一位客人在我的心性講座完後走上前，滿足地微笑對我說：「朋友告訴我，現在的我是最美的。」想起她大半個月前找我治療時那激動亂章的哭相，作為治療師，我心裏也感動到流淚。

沒甚麼比找對自愛方法，願意相信自己的力量更神聖。

選擇退步不會好過點

失戀的人總有個妄念：要怎樣才能回復以往的歡樂或平靜狀態呢？

這是一個思想的陷阱。

人最大的痛苦，便是放不下過去，不論是快樂或痛苦，愛或者恨，都死抓住放不下。

其實不是害怕那段歷史，而是害怕將來，害怕再花努力還是得不到成果，所以死抓著過去，逃避面對自己的無能和軟弱。

這正是愛情給我們的考驗，也是人生的意義：讓我們尋找修補自己的力量源頭。

失戀者要做的，不是從記憶庫中尋找修補自己的力量，不靠「回復」以往，而是「重新」建立更新過的快樂體驗。這體驗得靠自己馬上建造，而非坐著發愁，緬懷過去可以得來。

失戀好，起碼能讓我們知道走壞了路，應找新路走，追求進一步，而不是選擇懷舊和退步，借過去擦新感情的舊患。

選擇退步不會讓我們好過一點，那還泥守過去幹嗎？路不分好壞，都是要花氣力走上去的，不要吝嗇走路的氣力。

追索過往的快樂，尋找過去的記憶，只會浪費精力和心神，所以越是回想過去越令人疲累，光是想已經可以想到筋疲力盡，難怪失戀的人多面無人色失落人形。

戀愛的目的，是更新活老的自己，促進新陳代謝的保健過程。相信愛的人不可能消極，因為他們把身心keep得很fit很年輕，條件是向前看，不斷進步。

感謝過去的發生，積極地更新現在的自己，換上嶄新的精神力量，這是重新做人最簡單不過的道理。

我們都想做好人

我們都想做好人，正因為我們都不夠好，無時無刻都軟弱，正邪想法轉呀轉，所以需要修心養性，才有能力去愛，行善和付出。

很多人以為自己已經做到尊重別人，不再傷害人，也不想受傷害，對得起自己和別人。偏偏心太貪，意志也太簿弱，一心想發洩，結果爆發出來的情緒反彈只會傷害人，卻又覺得自己已很努力，為自己和別人付出了很多，只是別人不諒解，是別人的心胸狹窄，別人的甚麼甚麼。

懷有這樣的歪想，無法得到真正的平靜，關係也被破壞了，人與人之間的磨擦和不滿也無法平息，以致我們都活在猜度和互相否定的關係裏，活壞了心胸。

要達到自療自愛，必須先管理好自己的貪欲，盡量打開心胸體諒別人，也同時學習抽離關係遠一點，為自己保留正面的能量，避免依賴，也別背負別人的生命，才能儲備自愛和他愛的條件。

我們都渴望能靠近能量正面和純粹的人，借他們的力量感染自己，所以我們都那麼希望能找到上帝或高人點化自己，讓自己的平凡得到神聖的體驗。可是人只是人，所謂找到了，便容易依賴，依賴了便容易墮落，像返回母體一樣的安全，不再想長大，那就不能再提升自己了，有的也只是智性上的信奉，修而不行，無法成「仁」（即是無法跟別人好好相處，無法二人在一起）。

難怪我們付出得那麼累，愛得那麼脆弱。

別否定自己

Ａ說她老是記得舊男友對她狠狠說的話：「別以為妳有幾分姿色我便會愛妳。」還有精神科醫生的話：「妳的進展不大，我還是轉介妳給另一位醫生試試看吧。」還有尖酸刻薄的上司的話：「妳不覺得自己比一般人蠢嗎？」還有母親的話：「都30歲了，還沒有男人要，妳有甚麼用呀妳？」

對，我們總被無辜地否定，被判斷，不被認同，不知還活下去幹嗎。

但你並不可憐。

最卑微的人也有活著的價值，沒有人能真正認識你，瞭解你，你被否定跟你的內在價值無關，你毋須認同別人，做他們的幫兇否定自己。

連你也在自己身上找錯處，踩上一腳的話，你也中了自己的歪想圈套，把自己構想成是敵人。

••••••••••••••••••••

當人自信不足時，便會迷信自己的思想，執著別人的評價。

記住，沒有人有資格判斷你。大部份人的思想裏盛載的只不過是互相感染的負面內容，你毋須認同它，你有其他空間和智慧去想別的，做別的，分散沉溺的歪念。

••••••••••••••••••••

學習自愛的第一步，便是懂得在適當的時候篩掉負面的思想，鞏固正面的想法。人生是個學習篩選所要和不要，更新自己的旅程。

你才是自己的主人，別否定自己。

你其實可以很富有

K在過去幾年都活在紛舛的情緒世界裏，吃治療藥物，不斷自我否定，自小飽受皮膚病困擾，情緒起伏不定，早上返工會暈倒，老是想睡，提不起勁，身邊的人都放棄她，否定她，她也在否定自己，覺得自己很無用。

她上我的課，在教她找回內在空間的自我催眠過程中，她終於找回真正的自由。她的內在空間是這樣的：她走進美麗的城堡，看到發亮的玻璃小珠，開心得像小孩看見糖果一樣，趕快把亮珠吞進肚子裏，她看到亮珠竟在肚內丹田的位置不斷發亮、擴大，充滿光和愛的能量。她跟自己說：那便是我最神聖的內在世界。她終於在那裏重新得到希望和自愛的能量。

十多個學員靜靜聆聽她的敘述，無不被攝進她夢一般的境界，一直負面和執著的她，在潛意識裏發揮自強力量的當下，散發強大的感染力，令在座每一位學員動容，驚歎美麗發亮的她。

她一點也不貧乏，像哈利波特作者羅琳在人生最失敗時重拾童真寫作一樣，她們不一樣的生命，內在卻一樣的富有，擁有燃亮生命的能量，感染自己和別人。

活得亂七八糟的人，也有能力製造自己的城堡，安心立命，自強不息。

只要我們願意，我們原來便很富有。

把執著吹走

忘記過去難，尤其是感情瓜葛。

W說她理性上已接受丈夫曾經不忠，可是感情上還是無法釋懷，每當想起被背叛過便傷心流淚。要忘記嗎？不可能；要原諒嗎？又太艱難。

這是執著，也是負面情緒記憶帶來的生理性後遺症。

原來情緒記憶會牢牢植入掌管我們情感反應的腦部份，那裏正好跟管理理智的部份分開。有研究指出，創傷記憶會一世留在情感腦內，不能完全忘記。所以，我們若要放下過去，必須把記憶從腦袋轉移至心胸的位置，因為記憶在心輪位置不會活躍，心會把它轉化，循環變成包容和愛的能量。

只有心才有能力感化腦袋的執著。

我常教人自療執著的方法便是這個。自療從心開始，那裏正是愛的泉源。打開心胸，愛便是無限，不再介意是非對錯，不再死執手裏的流沙，風中的微塵，海裏的沙石。

試做這個修心的練習，把愛掏出來，感染自己和別人：每晚臨睡前，趟在床上靜下來，想像心胸位置有股暖流在湧現，那是很舒服的，帶著感動的微光和暖流，能把一切恨怨融化。感受一會兒，然後做一次腹式深呼吸，注意在呼氣時，可以想像把壓在心中的，已被愛融化的執著和怨恨輕輕吹出來，別過份用力，要溫柔地放它走，讓它返回原來的地方。

打開心眼看著怨恨離開、飄走，原來只不過是微塵一粒，微不足道。帶著微笑歡送它，這樣你的心將充滿正面能量，換回愛的滋潤，你將懂得放下。

學習放過自己

當我們發愁的時候，心輪的位置會翳悶不安，十分不舒服。

古印度瑜伽把人的身體分成7個主要的「脈輪」（chakras），那是身體不同的能量中心，能量在不同的輪位會產生不同的情感和意識的反應，視乎能量的流動狀態和方向，讓人悟道。

而心輪，就在人的心胸中間，是情感能量孕育的地方。當情緒不穩定，情感受到激蕩時，這個位置，最難將息。

當你傷痛到不能自已，身體上反應最強烈，抽搐抽得厲害的位置，正是心輪。

女士們喜歡佩戴甚麼飾物時，應盡量不要壓在心輪上，以免阻擋心的能量收放。至於那些輻射高的東西如手提電話，更不宜掛在心口；還有出入公司的保安卡，最好也不要掛在胸前了，那可是工作壓力的記憶符號，能讓潛意識接收負面的訊息，影響能量的運行，結果影響情緒。

情緒不好，想哭，想發洩，請盡情發放出來，不要壓抑。**釋放情緒是補養能量的好方法。**冥冥中，宇宙的能量隨時跟我們的接通，給我們生存和愛的力量。

只是，我們容易粗心，把能量關閉，拒絕宇宙對身體更好的安排，選擇自我虐待，像故意找個不愛的男人過一夜，以為是對不愛自己的另一位報復之類的行徑；又或者，死命借工作逃避面對愛情的召喚，因為害怕受傷害；甚至，暴飲暴食為懲罰自己沒有抓緊業已消失的幸福。你再努力做甚麼，最終還是苦了自己，心輪會隱隱作痛。

學習放過自己，原來比學懂怎樣去愛更重要。肯不再虐待自己，已經是懂得去愛的第一步了。你的心輪將會張開在微笑。

專一的真相

常被問及該如何才能讓心專注，如何才能定心。更經常聽到的問題是：到底如何才能停止思想，達到心無雜念，心如止水的境界。

我們似乎搞錯了甚麼。我們常常以為定心、靜心便是停止思想，要趕走心裏的雜念，剩下一無所有的空境。這樣才能修心養性。

也許我們看武俠片太多了，看到那些高僧和尚坐定定與世無爭，被人攻擊也不反應，以為這便是定心的最高境界。但戲還是戲，世上沒有幾個人能做到無動於衷，心無雜念，甚至人是否真的需要達到這樣的呆定境狀態才算修成正果呢？

原來問題在我們對「無雜念」、「絕對靜」過份的追求，否定了「亂」其實是自然的存在狀態。我們努力地靜心，越努力越心亂，結果以亂制亂，自製緊張。

不如先接受亂，不作否定，正面地調校潛意識的混沌狀態，先讓內心不存在負面訊息，心便會強壯起來，夠清醒和定力去平亂。

心灰意冷才是禍根，是心欠缺色彩和運動，未老先衰，疲於自我更生，所以我們無法平靜。應該啟動已轉冷的心，讓她重燃熱能和動力，辦法之一是：重溫最能令你窩心的感覺或經歷，溫柔地放在心口的位置，擦新久藏的正面能量，記住這不是幻想，這是不會失去的，永遠屬於你的正面力量。

世上一切也可能會離棄你，但這個私密的心卻完全屬於你，她不再是等待受傷受驚的器官，因為她得到你的肯定和保護，她不再受傷，她已變得強壯和自足。

讓自己愛上自己，會心微笑，讓心回歸你，變成你生命的神聖空間和寶藏，你將感到心靈的富足，不再害怕失去甚麼，不再害怕被遺棄，心自然能安定下來。這時，你才算是個懂得用心、懂得專心一致，不再雜亂的人，能悠然自得地去愛自己，愛別人，愛世界。

這是專一的真相。

妳所想騙了妳的心

J說看過我一篇寫放不下的文章，正好說中她現在的感情狀態。她對剛分手的男友內疚，覺得心還愛著他，放不下。

對分手情人記掛，其實可能是潛意識裏的貪念，不想中斷那段關係，借想念他，希望他好，找到幸福，安慰妳自己，自覺偉大和純潔。

啊，原來自覺欠了別人，才可名正言順毋須忘記對方，這可是妳不願放手的心魔自設的陷阱？

糾纏？

不如問清楚自己，真的對他已死心了嗎？還是怕剩下自己一個人，寧願心裏繼續糾纏？

再問自己：假如他現在告訴妳他剛找到新愛，並且很恩愛，和她做愛很激動很滿足，妳聽了，會感到安慰，還是心酸甚至嫉妒呢？

當然，不是要妳若無其事替他高興，心酸是正常的，沒有甚麼可恥不可恥。只是，再翻一翻自己心底的感覺，可能發現除了心酸外還有不甘心，覺得原本充塞妳的心的正是他，為何現在空了一個洞？

對，原來他只是用來填補內心空虛的工具。

所謂內疚之心，其實可以很虛偽，借天使的純潔重抓得不到的舊情。

女人傾向扮演偉大的角色，讓人錯覺以為妳無私、純粹，性愛分明，不沾肉體情慾。我只想提醒妳：別以為自己的心裝載愛。妳敢讓我用反映妳真心狀態的「心率協調儀」測驗妳的心真正所想的話，測心機會很客觀清楚告訴妳愛是寬大地藏在心裏，還是只不過是貪欲在亂心的結果。

很多客人接受過「測心儀」測試後的數據資料都證實這個：當妳是用頭腦去「思想」愛著某人時，妳的心率數據會是一團糟並不穩定，那可知妳所散發的愛的能量其實有多亂，妳的愛人接收到的是甚麼質素的愛啊。若妳放下執著，把愛放在心的位置，溫柔地放鬆，變得無私和充滿感謝的話，心率數據會變得很有規則，顯示妳正在散發愛的能量，心在協調你整個身體，進入健全的狀態，這才是令人感到舒服的愛。

這可以是很殘忍的證據，也許妳不想接受妳原來一直以亂七八糟的能量去愛他，難怪他感受不到愛，只有壓迫和窒息，所以選擇離開。學習客觀地自療妳自己，別活在愛的假設中，養活假情的欲望。

口不對心的禍

很多女人都怨丈夫或男友如何如何背棄自己，但嘴邊卻又不斷重複說很愛他，問怎麼辦。

請妳先搞清楚自己的心意。所謂很愛他到底是指甚麼？即使他已有外遇，他打妳，他自我放棄了，他去嫖妓，他沉迷豪賭，他養了小老婆還生了孩子，他把妳的積儲都花光騙去了，他甚至要妳為他賣淫還債……妳還覺得很愛他捨不得放手是嗎？

還是，他只要不再去見她，他只要還在妳身邊，被妳寵壞，被妳包庇，被妳越愛越變壞越放肆，妳還希望自己能再偉大一點，更母性一點去保護他的任性，妳覺得死而後已的愛沒問題，誓死還會繼續去愛他？

原來妳的心腦亂了章，心一廂情願要愛他，腦卻在一味否定他，製造他背叛妳，彼此折磨的影像，令自己愛得分裂不好過，快要把自己迫死。

這是很多女人感情問題的真相：口不對心，心不對腦。

要解決問題，必須願意放下混亂的思緒，先穩定情緒，協調所思所想，才能看穿自己的心，才有真正的溝通和包容，平靜和幸福，懂得處理感情困擾，看到自己應走的路。不然，妳將一生活在惶恐中，擔心他會離開，他會不忠，他會甚麼甚麼，妳只能被動地，痛苦地回應，浪費時光，心力交瘁，自虐自毀。

人最大的困局不是沒有方法處理問題，而是在處理問題之前亂了心、動了氣，結果惡化了情緒，合理化問題，最後自怨自艾，迷信命運，把事情越搞越壞。

其中一個自療的具體方法是出走身心：先離開困住的思想，離開打擾你情緒的原地，走到另一個空間換換氣，改變自己的呼吸頻律和狀態，這是靜心的第一步。心靜了，才有智慧回顧自己，知道自己亂了甚麼，路應該怎樣走下去。

打開自己的心

很多來找我治療的客人都好奇，為何我可以看穿他們的心，一語中的，問我該如何學懂看穿自己的心，用心去愛。這個問題很好，證明我們不是無心自愛，只是有心無力，欠缺自療和自愛的方法而已。

我有一位客人，她為自己創造了打開心胸，協調嚴重情緒問題的奇跡。她三十多年來無法自控情緒，極容易激動，經常説話説到聲淚俱下有點嚇人。但她的心很善良，很想改善自己，讀過很多自療書，比很多人都努力尋找自我解脱，就是還未找到最適合的方法。

她覺得自己的婚姻不如意，童年不愉快，有很多創傷的記憶。她更遺傳了父母給她的精神病和心臟病，身心都不協調。

她那很強的信念和自癒的動力打動了我，我破例在忙到斷氣的日子見了她，教她學習如何協調心快腦慢的自我衝突，替她做心率協調的治療，教她一個把思想下放的方法：想象胸肺徐徐放下，放到氣的中心點，即是丹田的位置。然後釋放自己，純粹靜心，不叫自己做甚麼，也不叫自己不做甚麼。純粹地呼吸，觀息，結果不消10分鐘，她在心率調儀上即時親眼看到自己發放出來的美麗數據：由最初亂七八糟的心率起伏，到現在平穩有序的協調狀態，那是最科學和客觀的數據，無法騙人。她驚訝地説像做夢一樣，感到非常平靜和釋放。

她的心和氣結合了，她的身體在正面地回應她的愛。

自愛的第一步，便是願意愛自己。她的愛治療了她自己。

心一直很愛我們

Ｆ剛失戀，知道需要自愛，重新振作，但不甘心，最後來修我的課。

在自我催眠的導引下，她打開了潛意識的門，看到自己的心：「那是一顆充滿愛的心，不住對她熱熾地說『來吧來吧，不要怕，進來吧。』我最初害怕不敢進入，她還說：『不要緊的，進來啊。』」

心被拒絕後並沒有放棄，還是繼續愛著她，請她走進去。她最後還是走進去了，看到蔚藍一片天，和大片青草地，還有很多小孩子在快樂地玩耍。

她被自己的心打動了。

完後，她在分享時激動得哭了，說傷自己的心的是自己，不是離開她的男朋友。

我們常常以為自己很想瞭解自己，尋找自療方法，可是走到心的跟前，卻變得猶豫和質疑，怕找到安全感和幸福後會失去，原來我們吊詭地清楚知道那正是自愛之門，卻害怕面對，結果在心的邊沿徘徊，很想進去，又怕受傷，留不住幸福，然後一而再的離開自己，傷自己的心。

可憐我們的心一次又一次被我們忽略、否定和拒絕，無視它到底怎樣愛著我們。但它並沒有放棄，還是照樣包容地接受我們。**我們對自己的心太殘忍了，心卻一直不離不棄愛著我們**。

我們的心便是愛，是生命的守護天使。不要怕，走進去，那是最大最美的包容。

知道但是做不到

D說：「我甚麼道理都懂都知道，就是做不到，無法放下不再愛我的他。」

既然所有道理你都懂，那就不要再從道理出發求自救了。凡是從腦袋出發的，都不過是概念，概念只會令你活得更糟糕。

好好照顧自己的心，對自己的心溫柔一點，因為那是感情和情緒最重要的發源地。心的力量太強了，它所發出的電流甚至比腦袋還要強50倍。不好好料理它的話，它任性起來時可真一發不可收拾。

所以，大部份人都在感情中失去理性和方向，心一亂，你再強也會倒下。因為心太強了，沒有能力平衡它的話，它將駕馭身體其他器官，甚至控制我們的腦袋，你便會反複地鑽牛角尖，走不出困局，道理你都知道了，只是無法控制自己做應該做的事。這是心腦不協調，心控制了理智的惡果。

心勞損了，便會失去自控能力，無法控制自己去愛還是不去愛，做應做的事，更不能平衡情緒，你的心只剩下亂，你所發出的能量也變得有心無力，經常感到累，失去人生方向，或者帶著負面意識，影響別人，讓自己和別人也無法感受愛。

我們愛得虛弱，正因為亂壞的心太虛弱，**愛不會發生在損壞虛弱的心裏**。

先學習強壯自己的心，其中一個科學的方法是用借助心率協調儀監測自己的情緒狀態，那是以生物回饋(bio-feedback)的方法，讓我們透過測量自己的心率和身心協調狀態，即時直接反映情緒及健康狀態。透過不同的定心方法先平靜自己，然後依照儀器的即時數據調整自療方法，讓我們親眼看著自己如何靠自己的力量自我改善，不用等候藥物效應，不用憑空想像自己是否已進步。生物回饋法是近年漸在西方主流醫學界流行的治療方法，尤其在情緒治療方面效果比傳統治療方式更可靠、強大和穩定，這正是我經常強調的自療好處：治療力量源於自己，為自己度身訂造自療方法，建立真正的自信，讓我們學習接受自己，發掘潛能，放下執著，一生受用。

治療愛，是一種修養

一位臨床心理學家來找我求救，也許是連綿慘雨影響了情緒，她發毛地告訴我無法輔導丈夫有第三者的病人，因為自己正陷於相同的命運，不能控制自己的情緒。有時也不得不在替人治療時中止，把病人轉介給其他同事。理智與感性的較量令自己實在難以承受。

心病還須心藥醫，這是正確卻同時流於傳統的心理治療法，因為把身心二分了。

我們都有很多大大小小的心病，心病最難醫的原因是因為我們過份用腦袋去認同心的病，用思考說服自己我的病是合理的，加劇了病情。本來只是心的剎那反應，最終演變成堅定不移的信念，加上跟別人的病相比較，理性思維誇大了病變，你確信你的病比想象中嚴重，感到絕望。

最有效的心病治療法，是先繞過思維(mind)，不要先從理性角度去類比和理解，而是先從身體入手，關愛自己，改變和強化自己的體能，釋放受困的能量，疏通閉塞的鬱氣和經絡。能量轉移了，便不會過份沉溺於負面思想上。

治療愛，最徹底的方案可以是**心性修行，提升自己的心靈層次**，和承受、付出愛的能力，不再泥執在關係的道德問題上。心是愛的發源地，腦卻是愛的墳墓。這是最長遠也是每個人都要面對的路，一個人勇敢走下去。

我很少見客人，但有兩類客人卻會優先見，一是教師，一是輔導員、治療師或醫生，因為他們直接影響我們和下一代的身心靈健康。不馬上改善自己，負面能量會無形中傳染給他人，等於雪上加霜，加害了他們。所以我常說，當好的治療師不容易，自己必須心胸廣闊，心性清明，情緒穩定，寬大慈愛。

我和你，一起修吧。

憂鬱症難醫的真相

抑鬱症最大的問題不是病的本身，而是你認同它的心態。

每個人或多或少有抑鬱的本質，但成熟的人會轉移情緒，不會讓單一情緒過份集中，致把所有能量全傾倒在抑鬱上，結果無法容納其他正面的情緒反應如快樂、自如和平和。

孤獨本來便是生命的本質，而負面的人卻將孤獨擴大，變成獨特的痛苦，只有自己一個人領悟的可憐狀態。這樣又陷入負面思想的陷阱，結果嗎？不是快樂從沒有出現過，而是你選擇放棄快樂，寧願擁抱痛苦也不願意放手，因為失去沉溺在痛苦的習慣，你的心頓然變得很空洞，不懂得向其他情緒作反應。瞧，這才是病態。

記住：痛苦的原因可能是真的，但維護它卻是你的選擇，你所經歷的並不是痛苦的必然原因，反而是你逃避快樂或平靜的藉口。

每個人都曾經受過傷害，但活在過去的人會執著傷痛，勇敢的人會向前走，為自己療傷，所以他們會健康快樂起來。

我們無法改變際遇和不幸，但我們可以有覺知的能力改變自己的情緒，所以有些人能堅強地面對逆境，有些人會沉溺在抑鬱中不能自拔。

成熟的人，會對自己所有的情緒反應負責任。

儲備正面能量

太多跟男人過得不好的女人。身為女人，我很明白箇中的感受。

女人一直承受男人想像不到，充其量只能理解，但無法切身處地感受的焦慮和無助感。譬如要背負(恐懼)懷孕的擔子，承受男人好色過後不再需要妳的身體的心酸，和男伴愛的能量像腎虛男人精蟲的數字一樣有減無增，又羞於承認和面對等。再加上養家的壓力，帶孩子的責任……妳的能量給耗盡了。

妳到底做錯了甚麼嗎？沒有。妳還能要求甚麼嗎？不能。那怎麼辦？

Well，男人只是無能力照顧妳的感受，卻同時享受了妳的照顧而已，但他們也總有些妳看漏眼的細膩和可愛，是妳選擇了看不見，看男人，女人也是挺粗心大意的。

這是兩性感情能量和資源管理出現不協調的結果。

……女人只能改變自己，不能改變男人。小心自己的能量花光在一個男人身上，忽略自愛。愛到付出一切的結果只能剩下虛弱，要愛到收放自如，又是一條漫長的路。

別讓能量的支出超過收入，不然妳只能愛得皮毛甚至盲目，那是沒有出路的。

女人需要為自己儲蓄多一點正面的能量，才有力量去愛和付出。別再為其他人，尤其是表面需要妳的人耗盡自己。

開放潛藏的能量

不少客人在接受治療後，都有一個共感，也公認是最珍貴的得著：原來過程令他們猛然瞭解自己多一些，發現以往從不曾想過的、嶄新的自己。

多年前，我在學習和接受催眠的過程中，也驀然發現，自己是個相當相當壓抑的人，自我封閉機制強得要命。與此同時，情緒卻澎湃得翻天覆地，隨時隨地可以哭得死去活來。

自己好歹還是個可以哭、懂得哭、願意哭的人，也算是安慰。

收藏情感，壓抑愛恨，轉化成自我殺戮，折磨他人，都是我們待人接物，虐待自己的慣常手段，傷了自己，也痛了別人，包括自己以為是最愛的另一半。

我們天天以捆縛自己的情慾作為平衡點，逃避那個內在狂熱，有情有性的自己。也許，我們每個人都有許多面鏡子，反射多面的自我。箇中，有叫人嚇一跳的瘋狂、暴力、溫柔和愛的能量。

開放潛藏的可能性，我們會活得更平衡，更燦爛，也更發熱發亮。

關鍵是，將所有負面的能量，轉化成正面強烈的能量。我們有強烈的悲情，其實也有同樣強烈的激情，只要懂得轉化。所有能量都已經蘊藏在我們之內，隨時靜待我們的呼喚。

我們每個人都可以愛得好轟烈，好享受。只要好好瞭解自己，運用自己無窮的能源，豁開去愛，自然能散發最大的愛。

得肯定自己，相信自己有力量。

找個依靠點

我們很容易軟弱，表面卻裝作堅強。

尤其是女人，以為可以包容一切，最終付出一切卻亂了心。我們感到不安，因為我們把自己閉封在自我細小的世界裏，把負面情緒鬱在心裏，不懂得釋放轉壞的能量，無法舒懷。

人的能量是這樣的：當你把變壞的感覺和情緒內化，讓自己一個人承受和承擔時，你遲早會崩潰。

理論上，人是必然孤獨的，沒有人能代你活下去，可感情上，你無法找到一個依靠點的話，無依無靠便容易崩潰。當能量掏盡了，世上最強的人也會倒下。

我們累了，能量跌到谷底，情感受創，助長負面想像，一切頓然變得灰暗，失去意義。必須提醒自己：這感覺只是腦神經傾向負面反應的慣性循環，而不是生命真實的反映，別認同它。

當能量下滑時，不要死命地撐，人是孤獨的動物，但不用執著孤獨。找個感情的依靠點，譬如愛人，譬如寵物，譬如自己，譬如神，虔誠地放在心裏，愛著他，然後對自己微笑，說聲感謝。不要計較這依靠點是否真實存在，人就是人，需要依靠比自己更強的心靈感情支柱活下去。

不要介意依靠，毋須顧全面子或甚麼，人本來便是群體的動物，沒有執著孤單的理由和需要。抓緊一個讓自己定心的依靠點，平靜自己，然後超越自己。能提升的話，才能體會生命的意義。

愛愛小我

朋友告訴我一個很有意思的辦公室體驗：

同事經常被老闆責罵，所以經常不開心和抱怨，她卻一點感覺也沒有，因為受罵的不是她。可若老闆是罵她的話，她一樣會難過和抱怨。她說：「我忽然頓悟，當事情發生在自己身上時，是否可以立即將感覺置身事外，當作事情是發生在別人身上呢？那麼，我便可以跨越負面情緒了。」

確實是很有創意的體悟。

每個人的內心都有很多如懦弱、堅強、慈悲、貪婪、理智、盲目、自愛、自虐等互相矛盾又共融的情感和意識狀態，擁有很多個自我，容易迷亂。

其中一個穩定情緒的自療法，是把鬧情緒的那個自己抽出來，試想被遷怒的，中傷的那個是你又不是你。

再進一步，想像受傷的那個你，正是小時候的你，你看著這個「小我」在傷心流淚時，隱藏的愛會被喚起來，你會先放下一切大人的得失怨懟，上前安慰這個無助的小我，一心為呵護他，保護他，讓他再現笑顏。你能這樣做，能量便能馬上被轉化成正面。

小孩的心是單純直接的，感受到愛便會滿足，哈哈一笑繼續去玩，忘記過去，活在當下。

人生原可以這樣簡單過。

尋找是會上癮的

很多想積極改善自己的讀者和客人，他們一生尋找很多東西，找呀找，想找很多答案，關於自我瞭解的、關於感情關係的、於家庭關係的、關於前世今生的……總之，不斷尋找。

上課程，找治療師，試新方法，甚麼都會試，啊，真的非常積極，令很多人甚至他們自己也以為，他們已經很愛自己，為自己為別人已經很上進，願意不斷學習和進步了。

能做到這一步，真真不簡單，因為要有心之餘，也要有意志。過程本身是很有意思的，也是享受，找到甚麼並不重要，重要是在尋找的過程中是否看到更多風景，心胸更打開。

不過發現一個有趣的現象，在我的治療經驗裏，原來有不少受療者是借尋找治療方法逃避面對自己的，很吊詭啊。他們不斷尋找醫生、治療師、智者、高人，待找到很多好的方法後，他們的潛意識卻會馬上抗拒起來，著他們離開。腦筋雖然知道甚麼才是對他們好的，心卻變野了，立即轉移目標，尋找更新鮮更管用的方法。

「有別的選擇嗎？」、「這個方法很有效，還有別的嗎？」，唉，像shopping一樣。

尋找和選擇適合自己的自我改善方法是值得嘉許的自療態度，不過，我們得觀照自己的尋找態度，看是否墮進「尋找渴求症」的病態：不斷尋找，找到了便逃。

「這個方法讓我感覺很好，不過要花時間，還有更快捷方便的方法嗎？」

最好能找到一粒藥，吃下便一切解決了。是嗎？我打賭，真的有良方在前，他們還是不敢吃下去，生怕從此斬斷尋找的機會，他們是上了尋找癮，志不在治療。

尋找是會上癮的，正如旅行一樣，最怕旅途完結要歸家。我們便是這樣keep住自己去尋找，最終其實最害怕找到，不想真正定下來，安好自己情感游子的心。這是心癮，像找到好伴侶，還渴求更好的一樣，結果忽略了跟伴侶溝通和相愛的美好時光便讓自己或對方溜走了，豈不可惜？

也是欲望，和心魔。

我們的心便是我們的家，尋找得太累，還是回家好。

情感消費≠治療

讀者K希望我能替她做治療，說很難接受和男友分開的事實，幾年間大家變了，價值觀不同了，覺得自己很固執，寧願選擇抑鬱，希望能過得快樂一點。後來發現治療費與她的預算有出入，便說寧願花錢買書看電影或請朋友吃飯和旅行，讓自己開心，也不想花錢做治療了。

由需要治療到決定放棄，不同人可以有很多放棄的原因，K的原因是從計算出發，貶視了治療的價值。

心性治療是自我革命，需要很大的決志，明白治療是打開內在死穴的寶貴過程，不是消遣性質的情緒宣洩。K把治療等同消閒娛樂飲食吃喝買陪伴，先不談是否尊重治療師的專業和付出的心，她的價值觀正好反映現代人追求外在官能刺激，但求產生一時快慰或麻木，換取短暫心理慰藉的心態，可是這心態，買不到洗心革面的精神解脫。

需要娛樂可以買，需要陪伴也可以買，可消費過後，一個人時，面對負面意識回流，會再度跌墮情緒失控的痛苦，原來一切都是假的。

假如我們真的能單靠普通的娛樂消費找到平靜快樂的話，感情傷口早已治癒了，人生也不愁傷痛，該是幸還是不幸呢？

生命中有些東西不容計算，也無法被等價取替。看得懂這點，才有條件尋求解脫的出路。

吃出情緒病

我在很多公開講座和課程裏都會教人一些有助心理健康，改善情緒的方法和資訊，希望大家從最實際的方向開始關愛自己，而不是老是問問問，要聽到答答答，卻坐而不行一味想想想，希望問題自然能解決過來。

活得一塌糊塗，愛到天翻地覆，痛到不能自容的人，首先不要從理解去解決問題。沒有強壯的身體，不可能自療傷口。

我們都知道，病從口入，但卻沒有注意到，除了生理疾病外，心理病都跟飲食習慣有關。最明顯的例子便是都市人的日常飲食中，白糖的攝取份量。幾乎每位OL一族的辦公室桌抽屜裏，總會預留一格是專門放零食的：糖果、薯片、魷魚絲、話梅……應有盡有，當然，不應有的也盡有，這原來是OL情緒不穩定的死亡陷阱！

妳問：不是說吃零食是為了減壓，平衡生命空虛嗎？

表面答案是yes，正確答案是no。

零食的主要成分是糖、鹽和有毒的色素、染劑等添加劑，全都是危害健康的元兇。尤其是糖，它影響情緒最嚴重。質素差勁的白糖是加工的蔗品，吃下去當然會馬上提升妳的血糖水平，令妳感到high，給妳提升情緒的假象，可是接著便是妳要付出的代價：壞的糖類食品令妳的血糖大起大跌，跌下來時妳馬上變「謝」，無精打采，失去判斷力，容易無是生非，無故痛哭，心態變得負面，灰暗……妳比吃零食前更憂鬱，不知名地情緒低落。

加上味精引起的上癮效應，令妳失控地依賴它，以為它加添了妳的生命樂趣，其實正在慢性殺害妳。就像，妳以為的愛一樣。

這是OL進食零食或甜品前後的情緒真面目，好自為之。

修行愛

成長的意義，
是從傷害中學習愛。

修行愛

從傷害中學習愛

我們都害怕被傷害。

想到童年時如何如何被傷害過，帶著陰影地成長，好不容易活到今天，便經常告訴自己，以往被傷害過的，不願再重逢。於是，我們追尋愛情，以為在愛中會得到最大的保護。可是曾經被傷害的記憶，不幸地變成日後根深蒂固的惡習，在潛意識裏重複那最大的傷痕。

最恨爸爸的暴力，你對戀人卻越來越兇；最恨媽媽的尖酸刻薄和多疑性格，你卻活得越來越像她；最恨舊愛的狠心，你卻剝削一廂情願愛你的癡情伴侶……

成長是充滿傷害的過程，固然有太多負面的外在因素讓我們受傷，但歸根究底，更真實的是我們原來太脆弱，經不起風浪，失去抵禦傷害的免疫力。

動不動便受傷的話，讓我們失去堅強的力量，失去生命力，剩下不忍目睹，殘存頹廢的早衰青春。我們連自己也不懂得愛護和珍惜自己，更莫說有能力去愛，為別人付出。難怪，我們最終死命地需要愛侶和性伴，抓緊別人的身體借貸溫暖，卻無力償還，逃避承擔。

遠離受傷是本能，但當心暗裏迷戀傷口，甚至自傷傷人。

正面地看傷害的價值吧。任何存在總有其善意的價值。善良和強壯的人，會選擇相信事情最壞也有正面的訊息；經歷過不幸，更懂得珍惜幸福和愛；被傷害過後，才知溫柔和慈悲的美麗。

關鍵在覺知，超越自己的限制。

成長的意義，是從傷害中學習愛。

從傷害中成長

童年不快樂的人很多，家庭對個人的成長影響深遠。很多人生長在只談生計不懂培育愛的家庭，自小活在家人敗壞情緒和言語衝突的環境中，仇人一樣塞在幾十平方米的屋子裏互相施虐，感染驚恐不安互相否定的惡習，無法感受愛和被愛的熱量。

長大後，自然冷感不懂愛，卻明白只有重建愛才是出路，可是發現早已失去愛的本能，血脈之間隔著一段受傷的歷史，像失戀後被註銷戀愛能力一樣的無助。

為彌補生命的誤差，你便轉移重心，渴望建立新家庭、新親情，卻把這渴望誤解成愛情。可憾的是傷殘的感情細胞不能重生，你便胡亂找個依傍對象戀愛和結婚，重複延續家庭悲劇的歷史。

痛苦不可怕，那只是一種情緒反應而已，可怕的是死執過去的痛苦長不大，被掏空信念後無路可走的情感絕境和傷殘。

愛的能源不靠過去，而靠勇氣，必須願意從傷害中成長，重建愛的信念，借自愛發掘力量。這是漫長孤獨的路，必須勇敢踏進去，生命才正式開始。

每個人都有過去，但每一天都可以是新的，沒有留守過去的藉口。有機會長大已是感恩。微笑向前看，不記來時路。

溫柔的力量

我們經常想知道怎樣才能得到真愛，怎樣才不再害怕失去。

我們渴求真愛，因為對愛信心不足，害怕得到的只不過是一場虛幻，或者忘記享受當下的真實，總覺得應有比現在更好的愛。甚至原來你已麻木不仁，早已感受不到愛，覺得一切只是空有的假像。

先不要從真假對錯和過往的經驗判斷所謂真愛，因為愛不可能透過實證和道德得以定案。接通愛的方位的不是只懂思考的腦袋，而在感應和控制情感的心。

愛最大的障礙不是真假對錯，不是受盡傷害，不是無法被瞭解和體諒，不是真命天子出現無期，而是在投入愛的過程中，無法接受自己同時暴露心靈的軟弱，在無常中感到無助不安，在焦慮和貪慾中難以平衡情緒，安慰存在中難以揮去的孤獨感，結果自製絕望和恐懼，失去對愛的信念。

恐懼是愛的障阻，甚至也可以説是生命最大的障阻。

心緒不寧，多疑憂慮，讓腦袋混淆事實和想像，變成有形無形的恐懼。超越恐懼需要很大的信念，必須有很強的定力。可定力如何修成？不靠努力、知識和特技，必須先和暖自己的心，從緊張回歸輕柔，孕育溫柔的力量。

我們窮一生耗損能量硬拼去愛去付出，卻不知定心的真正能源在心的柔軟和溫度。

超越恐懼的關鍵是讓心變得平靜和溫柔，而不是尋找更強的力量抗衡它、否定它。這是最大的包容，溫柔讓我們得到真愛。

絕望VS信望愛

T說：「沒有你愛的人和愛你的人，生命怎麼不絕望？」

其實人最大的成就是甚麼呢？是找到戀人、結婚生子、名利雙收嗎？其實不妨簡單一點，人只要能做到安心、定心，遇上挫折也不絕望，已是最大的成就。

人生沒有命定的不幸，只有早衰的絕望。信望愛是很重要的，有信念便能絕處逢生，有希望才能繼續向前走，有愛能生生不息，永不放棄，不只為滿足私慾而活著。這是生命的意義，存在的目的。

永遠不會沒有人愛你，因為世上最愛你的本來就是你自己的身體。試細想，即使你曾經恨心地多番離棄他、傷害他，他還是沒有微言，默默地繼續支持你，養活你。

也不應該沒有你愛的人，因為愛的最基本，便是先愛你自己。

別怨命，命運沒有待薄任何人，只會順應你的心助你一把。你悲觀時它會把你推向更悲觀，你堅強時它會給你更強的能量。

有信念的人才有希望，有希望的人才能自愛和他愛。

不要害怕孤獨一個人，不要等待愛。

愛是行動，馬上行動，好好和自己戀愛一場，你將發現，原來你並不孤單，自愛的人自然會走在一起，相親相愛，照亮世界。

如何觀照靜心

不少讀者問，如果情緒大到自己控制不了，應該釋放出來還是壓抑它呢？負面情緒是否跟負面體驗有關？如何能體察它們的源頭，靜觀它們呢？

處理情緒的辦法有很多，保持觀照是最重要也最關鍵的一環。大部份人的困惑和痛苦都是沒有覺知，看不清自己，摸不透別人，所以迷亂不安。但觀照自己也是最難做到的，因為自我比天大，你難於放下，變得謙虛。也因為我們不懂修心養性，尋找能靜下來的方法。

負面情緒的源頭可以是負面經驗，同樣也可以說是負面的慣性，勾起你負面經驗的事端只是借來的催化劑而已。

若情緒超越了自己能控制的範圍，最好的方法不是釋放或是壓抑，而是無為而為，學習先安定自己的心，因為負面能量太大時，胡亂釋放出來的話可能連自己也承受不起，也容易影響別人。壓抑又是萬萬不能，因為問題的源頭正是壓抑所致。

心亂須先定心，看護情緒，不認同，不判斷，讓它出現，把感覺放在心的位置，管它眼裏還有淚，呼吸還亂章。心是最大的情緒控制中心，要穩定情緒必須從心開始，學習定心的方法。至於方法，每個人得靠自己尋找。法門有很多很多，關鍵不在法，而在你的用心和意願。要相信自己有能力豁出去，海闊天空。

修心之路人人不同，不用比較，勇敢上路便是了。

一場福氣一場孽

能戀愛是一場福氣一場孽。我們相愛，但未必有能力承擔愛的全部重量。

很多讀者告訴我，他們明明相愛經年，理所當然一生一世，偏偏突然出現第三者，不消幾個月對方便變了。或者是，你們認識不到幾個月，相逢恨晚，可他愛了妻子十多年，他對她有情債，放不下她，又離不開妳，最終無法為愛再付出甚麼。

兩個版本的結論也一樣：他無法承擔兩份愛，同時放不下情感或情慾，只能叫妳接受，包容他的貪婪和軟弱。

妳可以寬大包容他，把痛苦留給自己。原來要付出偉大的愛，代價比放棄愛還要大，挑戰妳的誠實和青春。這也是愛嗎？或者只不過是執著不甘心？

假如現在出現一個愛妳的男人，比較下妳也許會發現原來新歡比舊愛更懂得愛妳，更有餘位和心思去接納妳，這刻妳才恍然大悟：原來愛是個人需要而非責任。舊的不去新的不來，為愛換上新感覺，新價值觀，也算失而復得的福氣。這叫花心後變心，還是勇敢地放下？

妳或許會堅守舊愛，卻又無法承擔他輕妳重的變質感情，繼續膠著，白送青春，怎樣算也是孽一場。這叫深情專一，還是逞強固執？

愛的道德從來活在你的念頭裏。

愛最難的，大概是收放與取捨的智慧。

面對自己很艱難

有位可愛的讀者寫了這個很有意思的小故事給我，重點如下：

一對爺孫在下棋。爺爺問：「為甚麼小孩總是比大人快樂？」孫兒答：「很簡單。」孩子於是從口袋拿出一面鏡子和一塊玻璃，說：「這便是答案了。」

爺爺不明白，孫兒問：「鏡子和玻璃的分別是甚麼？」

爺爺答：「鏡子比玻璃多了一層水銀。」

孫兒答：「玻璃是透明的，它便是小孩子的心，看到還有別人的存在，懂得去理會身邊的人和事；鏡子是大人的心，原本透明的鏡子被塗上厚厚的水銀，所以大人只看到自己，關心的也只有自己。一個自私的人又怎會快樂呢？將軍，你沒棋了。」

比喻寫得很好，不過我笑她筆下的孩子已不太像現實中的孩子了，因為他們不少已變得目中無人，自我中心，早已變成度了水銀的早衰症兒童。

其實，鏡子的比喻可以更正面，更上一層樓的：

鏡子不但讓我們看到自己，同時也可以反映別人。我們更多時候不是只看到自己，反而是看不到自己，甚至不願意看自己，因為面對自己也是負擔，所以寧願轉移目標看別人，批評別人，也活在別人的影子裏。

能真正活在鏡子裏，面對自己，需要相當的勇氣。

容己才能容人

很多讀者都說很希望能像我一樣清醒，無懼面對問題。

其實我很想告訴你們，我和你們沒有甚麼分別，我們都是上路的同行者，我並不比你們優越，甚至並不一定比大家清醒。

我嘗試到達的境地是平靜的內心，向負面思想說再見。大家肯放下負面的慣性思維，稍為平定下來，便會回歸自己，回歸平靜。這是每個人都有的本能。

可是很多人還是太執著別人，讓別人介入自己的生命，打擾自己的情緒。然後埋怨別人令自己失望，讓自己白付出了。

瞧，這是計較，難怪費心費神，最終干擾了平靜。

別介意別人令你失望。我們不是神，還是普通人的話，難免會令自己和別人失望，這是理所當然的，因為這是自我膨脹的必然結果。

你越緊張、關心和愛的人，越容易令你失望。其實我們都無法真正瞭解另一個人，那怕是你最深愛的、最親近的人，甚至包括我們自己。

感到失望是我們個人的內心不平衡，可笑的是，大部份時間對方都是無辜的，或者被你誤解了。

包容是很大的愛，必須先由包容自己開始。己所不欲勿施於人。

先從解放自我開始，打開心胸才能容人容己。

包容〓親近所有人

女客人Y愛上一個玩弄感情，騙財騙色的男人，卻不敢放棄，怕自己看錯人，很想抽身看清楚整段關係。

她說：「以往我為了和別人做朋友，常常出錢出力付出所有的感情，結果感到很受傷，得不償失。我很想像妳常說那樣要包容別人，不分好壞，但妳也說過對愛要學懂決絕，遠離帶著負面意識蠶蝕別人的人。到底我應該如何面對他？不分好壞地包容？還是應該決絕一點放棄呢？」

我說包容所有人，是從心性的層面說，我們的心胸不應懷恨，因為那只會令自己變得負面，無法定心和靜心，那便無法感受愛，散發愛。但這並不等同我們需要不分好醜，盲目親近和接受所有人。

包容的智慧是，你的心胸要開放和大量，但你並不需要辜惜剝削感情的人。記著，我們沒有道德責任為所有人付出，耗損自己正面的能量。愛要量力而為，適得其所，不然便是濫發感情，慈母多敗兒，好心做壞事。

能量有限，我們在心性上不需要將人分等級，但我們需要保存自己愛的能量和質素，不要浪費，不然會反正為負，結果失去愛，豈不很荒謬？

貴人＝小人？

年近半百的學生對我説，我們命中不斷遇上貴人和小人。那些提高我們智慧，關懷愛護我們的都是貴人，反之，不斷從我們身上吸蝕能量，貪得無厭食住上的小人，則要避之則吉。

我説：「其實貴人和小人都是一樣的，分別，只在我們心裏。包容所有人，擁抱自己的心便行了。」

她聽我這樣説覺得有點不忿，反論：「貴人和小人怎會一樣！你越包容小人，對方不但不感恩，反而咬你一口。」

説到這樣，她忽然醒悟過來：「啊，我這樣憤憤不平，負面的想下去，其實最終受傷害的還是自己，不是嗎？為何妳會在經歷受傷過後，仍然有『包容所有人』的想法呢？回想我自己，從小到大接受的訊息都是只要你對別人好，別人便會對你好。所以為得到別人的認同，我努力做個好人，但有時為了成全別人，或不想破壞關係而委屈自己，強迫自己扮好人，其實這種所謂好並非由心出發，只是潛意識想得到回報。所以當別人不善待自己時，怨氣便累積，導致自己受傷害。或者一直以來我都在計較自己的付出。」

你們都明白這個道理嗎：當你的心打開了，你的愛便是個海洋，不再貧乏怕受傷。

不要做沒胸襟的小人，做個大方的人，你便是快樂的貴人。

每個人都有過去

和K談了一個下午。他是很有活力和理想的男生，二十多歲，對尋求自我提升和人性道理很感興趣，年紀輕輕已經歷了很多，捱過窮，努力過，靠自己一步一步創業，希望少花一點應酬時間，多見一些有意思有智慧的人，充實自己。

像很多人一樣，他有很不愉快的童年，家庭背景很複雜，父母不和，自小孤獨，不被理解，後遺症一直糾纏到現在，覺得總是無法擺脱家人對他的制肘，導致他對家有恐懼，對愛有恐懼，老是談不成女朋友，不懂如何和女生相處，進一步。

「戀愛的每一步都是擔子，不容易背負。如何看破，如何解脱，如何面對，總是人生無法抽離的困局。」

很多讀者來信告訴我他們的問題，會把現在的問題追溯童年的經歷，是那個時候不快樂，受了苦，現在還活在陰影裏，像永遠解脱不了的孽緣，想長大卻大不起，父母像永遠的壓力，叫他一生擺脱不了。

我只能説，生命不會無中生有，你從甚麼地方來，總有它的緣機。

生命得來不易，無損無傷捱到你長大成人也不容易。你的責任是感謝它，然後超越、進步，活得比上一代更好，而不是否定自己，否定孕育你成人的家。

埋怨過去只是懦弱的藉口。

每個生命都是奇跡，每個經歷都是緣。有人說，不要忽視身邊出現的每一個人，他們大可能是你前世的親人或愛人。這樣算來，人生在世又多一重意思了。

我們沒有承擔前世的理由，但我們有活好今生的責任。跟身邊的人相處也是修行自己的緣份，他們的出現和功能就像愛人一樣，是為反映你的缺點，是提醒你改善自己，放開胸襟最好的人選。

童年和舊愛，都是緣份的安排。一個人怕孤獨，兩個人怕負擔，更多人怕壓力，人與人之間的關係叫人渴求也叫人窒息，因為你還介意孤獨，未敢承擔現在，寧願活在過去，找藉口怨懟。

當你懂得珍惜生命，當你真正活在當下，過去便只是「過去」兩個字。

每個人都有過去，回憶能讓現在的生命微笑，才算沒有白活過。

是選擇還是天意

老是收到讀者來信，說被命運擺佈活得很苦，不知生命到底有何意義。

每個人都有絕望時候，無論你有多強多弱，擁有的財富有多少，這跟際遇沒有必然的關係，反而更多是源於內心的脆弱，一時迷失方向和自信的結果。

說際遇很玄，我寧願看更能客觀掌握的能量水平(energy level)。能量跌了，或者凝住不變動，際遇再好你也會無從把握，白白流失。

別怨命運待薄你。性格決定命運，所謂世事有定數的決定因素，是人本性難移的弱漬，是不變的性格決定命數，而非天意。這也解釋了同一八字同一姓名的人為何會有不同的命運。

命運，原來便是按照你的性格和意願規劃而成的際遇概率。看你自己，便是將來。

絕望對應的不是命運，而是人心。天災橫禍我們無法逃避，除此以外，便有很大的彈性和變數。

影響命運主要有三種人為因素：欲望、心癮和固執。欲望是天性，可以自控和轉化能量，在乎覺知；心癮是慣性，也可以轉化，在乎定力；固執是惰性和傲氣的結果，要修心養性。

命運從來是選擇，不是天意。

嫁禍童年陰影

大家都有童年陰影吧。被媽媽打過，被老師責罰，被同學欺負，被狗咬過，被水淹過，甚至曾經被性侵犯……

兒時受過驚嚇或傷害性的對待，在心靈上留下烙印，傳統心理分析都會認為對人的成長造成性格和心態上的負面影響。我卻願意正面看另一種後果：正因為兒時被驚嚇過，被傷害過，讓我們變得更大膽，更有抗體懂得保護自己。小時候常聽到家人吵架的，長大後你認為會變成容易暴躁愛爭吵，還是寧願平靜不願跟別人吵鬧呢？

我便是後者。

人因為軟弱，借助過去否定現在的不如意際遇，最容易不過，但這也是助長懦弱的藉口。

借兒時的不快樂，所謂童年陰影，解釋現在迷失自己和找不到出口的命定理由，其實只不過是潛意識拒絕長大，拒絕承擔自己的生命而已。有些人有創傷後遺症，尤其是經歷過戰爭、性強暴等，需要別人的幫助重建自信，擺脱陰影，但也有些人是長大後認知曾經受過的是性侵犯，才道德化問題，突然覺得自身的不潔，這便是性道德的後遺症而非創傷的問題了。

成長的意義是增長愛的智慧和自信，對生命負上愛的責任，不能被愛也要自愛，不記來時路。

現在活壞不是過去的錯。能包容過去的不幸，才有幸福的可能。

麻木是愛的死穴

很多讀者說被童年陰影折磨了一生。

親人之間的結怨所產生的暴烈記憶，對我們的成長經歷留下難以磨滅的負面影響。兒時我們甚麼都不明白，只感到成長很殘忍，生命沒意義。可悲的是長大的同時流失了孩童時期哭過後回歸歡笑的自然本能。人大了，面對傷害過自己的家人，再也提不起勁和能力去修補關係，幾個陌生的親人困在幾百呎的屋子裏殘喘，各自等待離開的一天。明知應該親密一點，卻無法返回愛的起點上，因為已不懂得如何去愛了，即使心底裏很渴求親愛的滋潤。

待可以離家，以為那便是解脫，誰知卻是更痛苦的開始，發現無法去愛別人，自己的心原來已不知不覺間慣性地麻木了，沒有感覺比痛苦更難受。

慣性麻木是愛的死穴。

早年習慣在感情閉塞的家庭生活，現在自立家庭自然背負那段傷痕記憶，延續痛苦。痛苦不可怕，那只是七情其中一種情緒反應而已，可怕的是離不開痛苦的執著，和被痛苦掏空後無路可走的絕境。

我們必須很堅強和良善，懷著很大的信念，信任愛的力量，才能找到活著的出口。這是很漫長的路，偏偏我們在尋找愛，為生命重建一個家的過程中，太容易受挫和放棄，否定愛，迷信命運，結果童年悲劇惡性循環。

活著需要激情，別麻木枉過一生，讓愛帶我們歸家。

付出讓生命發亮

她是個病弱早熟的中學生，曾經很依賴，孩子氣，心智跟年齡的差異很大，希望活得有意義卻也很無助。一次哭著問爸爸：「給我一點愛好嗎？」他在錢包拿了一張一千元給她，拋下一句：「愛有用嗎？無錢講甚麼愛！」媽則說：「無愛不打緊，最緊要找個有錢老公養你。」後來才發現原來自己是被收養的孤兒，萬念俱灰，衝出馬路卻死不去。她說：「家對我很重要，可是到頭來才發現一切都是假的。」冷靜過後，第二天，她的心打開了：「素黑妳讀過丹尼爾•戈特里布的書《給山姆的信》嗎？看過他的經歷後，令人感動。」他是心理醫師，車禍後四肢癱瘓，擔心無法陪伴患嚴重自閉症的外孫山姆長大，於是寫下32封關於人生的信，希望山姆將來能從中學會甚麼是愛，接受缺陷的勇氣。作者說：「我想告訴山姆甚麼是愛。我希望山姆能領略愛的各種滋味。等他長大以後，或許能體會到：付出愛可能甚至比接受愛更重要。」

我們都渴求愛，執著關係和感情的真假。當你不問而付出，自會放下。付出讓生命發亮，賦予生命的價值。女孩終於明白了，說：「擁有生命已是一種恩賜。我不會再叫妳不要遺棄我，我要承擔自己的生命。我要先亮起來，然後照亮別人的生命，照亮世界。」

捫心自問，面對自己和愛，我們有女孩一半的勇敢和智慧嗎？

懦弱才會怨父母

不少新生代年輕人怨父母不懂愛他們，以此解釋自己為何現在活得不好不長進。他們的內心充滿仇恨，埋怨父母不懂關心他們，不懂得依他們要求的方式去栽培他們，所以令他們長大後找不到人生方向，譬如選錯科目，找錯工作，找伴侶失敗。

天，不覺得這種想法太自私也太幼稚嗎？

你真的覺得自己很不幸嗎？

說白了，只有懦弱和無能的人才會埋怨父母，埋怨造物主，埋怨自己的出生八字。試問我們憑甚麼覺得應份得到更好的生活和栽培呢？我們在要求的同時，又付出了甚麼？

出生於現代的年輕人，好歹也有書讀，毋須辛勞養活家中老幼。若父母是無知，不懂得教兒育女，他們應該可憐父母，感謝上天給你不再無知的智慧，好好活出自己的才能，超越父母的缺失，慶幸生命不是遺傳的宿命，而不是只顧埋怨父母誤了你一生。

埋怨父母的人，都是未真正經歷過風浪，要求太多卻不懂付出的弱者。假如你有機會上大學，卻找不到自己的方向，這是你的責任，不是父母的責任。別人走得比你好，是他們的心比你開放和寬大，不是他們的父母特別懂得帶孩子，替他們找對人生方向。我們沒有橫蠻霸道的理由，連是非黑白的大道理都搞不清，哪有能力靠自己活下去？

我們活壞了，沒有推卸責任的餘地，只能向前看，打開自己的盲點，懂得知足和感恩才是獲得成功和快樂的基礎。

來此生玩一趟

學生Iris說：「我的爸爸懂俄文，讀過很多書，懂得拉二胡，是籃球健將，可惜幾十年來受盡精神病折磨，鬱鬱大半生，自覺一事無成，卻已快70歲了。」

年初他如常發病入院，卻出奇地對女兒說自己無用對不起。她滿懷感慨，告訴他沒白過一生，肯定他的價值。他閃出幾十年來未見過的發亮神采，說：「阿女，人來這世界是玩一趟的，不要太認真。」

一語道破人生在世的秘密。

「爸爸的存在意義，原來是為讓我看到自己的人生意義，叫我不用否定自己和生命。其實親子關係可以這樣看：父母不是要為子女付出甚麼的，子女也不用向他們要求甚麼，毋須必然要一方付出，一方領受。

我活了30多年，一直覺得自己很不幸，自我否定。那天肯定爸爸時，也像向自己的生命肯定一樣。我有家族性精神病，連婆婆也有精神病，近日我卻奇跡地和她修好了關係。素黑，我們做人有時不要計較那麼多，不要介意人家為何說這樣，做那些，不要用頭腦計算他們，用心去感受便是了。人一生本來便是來玩一趟便離開啊。」

聽著她透過電話筒傳來充滿愛的聲音，未語淚先流。

無條件快樂

原來不是每人都希望過得快樂的。

有人天生嗜愁，拒絕快樂，瞧不起「快」，不知「樂」的神聖。

快樂很重要，不只是快樂的感覺本身，而是那帶著神聖的氛圍，令人馬上窩心放鬆，能量向上提升，擁有感染別人的治療力量。

那天和學生行山去，一位學生帶了她5歲的兒子一起來。我們一行十多人，只有他一個小孩，卻是我們中間最單純無邪的小生命，無條件的歡笑感染了所有人。小孩簡單的存在，提醒我們童真快樂的本能。

快樂是無條件的，儘管小孩也有他的小憂愁，但小孩懂得放下，隨地撿來的枯草，加點想像便變成神仙草，把身邊的大人逐一變身：這個是美女，那個是靚媽媽……世界頓然改變。到離開時候，拋下神仙草便爽然回家，不留執著。

快樂，撿起來便是了，隨時隨地。不管你過去現在有多消沉，有多少解決不了的事，有多少無法說清楚想通透的委屈，不管覺得自己有多孤獨，是否被遺棄，被放棄，只要願意放下自我，隨時隨地可以改變能量，解放自己，得到快樂。

別羞於承認人生但求快樂，這是最合情合理不過的追求。快樂的能量能讓自己情緒高漲，感染別人，改變彼此的心胸和氣量。一生，原可以這樣渡過。

開心容易心開難

擁有美麗的心的B告訴我，她用了足夠自己生活多出的錢，助養了一名孩子。早幾天收到小孩的相片及資料，是一名柬埔寨的5歲小女孩，她說：「我媽媽還笑我們長得很相像呢！我不奢望她能吃好穿好，但求微薄的金錢能助她可吃可穿。」

世上太多沒有人照顧的兒童，看到他們，我們所有的問題幾乎都不及他們的重要了，希望所有助養兒童的人都明白這個生命的體會，而不是單為求施予，平衡心理。

其實，助養是學習尊重愛的機會，那是物質以外的無價修養，助養者本身才是受惠者。

助養不是做善事，做善事只是社會行為，良心上的積德，心可以還是封閉不懂得愛。B說：「我將自己最強烈的感覺放到身體內最柔軟的位置，讓它自然地運作、過濾、分流、沉澱，餘下的一切給它延長及自然的保存。開心容易心開難，開心容易傷心也容易，因有著對比，心開才能接受開心與傷心，繼而將它消化。」

因為B的心打開了，她的愛將潤澤世上的不幸。

能懷著這樣的心胸佈施和行愛，B是有福的。我們有幸分享B美麗的心，也是有福的。

強壯的人才能愛

女客人D經常換男友，理由是每個男友都待她不好，不是騙她錢，便是騙她的感情和身體，還忍受著被打被罵被侮辱。她說：「我只是想得到一點愛而已。」

需要愛沒有錯，但錯愛了便有問題，會耗盡妳的能量，令妳愛得更累更自虐。

「我是不是前世害死很多男人今世有報應？」

這並不是報應，這只是能量流動的自然定律而已。愛是能量的付出，妳付出很多，但錯選了對象，愛得能量不對勁的話，自然得不償失。盲目付出是衝動的感情，並不是愛情。要明白一點：強壯的人才有力氣投入愛，只想掏取被愛感覺，或者借愛情逃避生命的人沒有能力看穿、體驗和享受愛。

別埋怨妳選擇的男人太軟弱，貪欲太強，其實妳也一樣，愛情伴侶從來是彼此的明鏡。可太多迷失女男寧願選擇混在一起，互相消費青春和時間，令感情生活太疲累，到頭來卻覺得是人家負了你，你其實也是共謀者，沒有埋怨的餘地。

不要做感情的乞丐，先好好愛自己一次，這是比甚麼都更值得的愛情。得到天下最多的關係，也不能換取一份不離不棄的自愛。你寧願選擇前者還是後者？

……………………………………

過門也是客

春天肝動，加上連綿陰濕的天氣，容易影響人的情緒，鬱氣提升，所以每年三、四月份特別多人找我做治療，都是執著的感情死結，最難平息的是無法放下的心魔。

霉爛的情緒和神出鬼沒，不由自控的壞記憶不時突襲，非常惱人，足以把生命力堵住，窒息難奈。

壞記憶、壞思想，只是執著的別名，那為何我們都寧願執著呢？是因為我們經常被負面情緒騷擾，無法打開困局走出來，然後我們慣性否定它，和它作對，所以壞情緒老是來纏著我們。

能量的流動很奇妙，只要我們讓它流過，打開門讓它進來，像客人一樣招呼它，它便會滿足，願意離開。

面對負面情緒，當知「過門也是客」的道理。當壞記憶跑出來時，不要否定它，順其自然，靜看著它，這時我們便可以抽身不粘心，大方一點招呼它坐坐，倒杯茶，讓它休息，它覺得被接受了，自會安然離開。

我們可以帶著微笑請它走，感謝它的到訪，祝它旅途愉快，以後不用再見了。

其實壞情緒只是想找個落腳點而已，接受它，請它走便是了。

好好招呼過客，原是我們處理所有問題的方式。不用否定，也毋須認同便是了，平靜自會出現。

黑，有道理

在某次心性講座中，我談到很多治療方法和宗教教誨，都過份偏重如何驅走黑暗和負面情緒。我教了大家「觀照黑暗」的靈性練習，引起大家深刻難忘的反應。

對，很少人會正視黑暗，歡迎痛苦臨身。「過門都是客」一文發表過後，收到很多讀者的回應，說很想像我所說大方讓痛苦進入，然後讓它離開，不過很難做到，因為當痛苦來臨時感覺太真實了，讓他們很害怕，只想盡快趕走它，卻沒有能力。

問題是你否定了痛。

不論是自製的還是受災的痛，痛苦的感受都很逼真，可痛苦的理由卻是假的，因為那是思想製造的產品。所以治療師常否定痛苦，叫你放下，宗教上師叫你驅除黑暗，因為那是邪惡的。結果，你花了很大的氣力否定痛苦，再花更大的氣力趕走它。最後你累壞了自己，流失了能量，痛苦卻依舊。

別製造敵人！

你內在的慈悲有足夠的能量包容痛苦，請信任身體能修補和轉化能量的神聖本能。打開心胸和傷痛結合，你才不再執著痛，痛便會消失。

能讓你鬆弛和安眠的，原是昏暗和黑夜，而不是強光，只是大家忘記了。學習返回豐富的黑暗，強壯自己的能量，你將不再害怕甚麼。

信仰與心魔

客人H質疑自己的信仰，問為何信者得救，卻還是痛苦，是不是自己不夠堅強才需要信仰？

人有信仰的需要，也應該有信仰的自由，因為人希望提升靈性，讓生命更具意義和滿足。當然，靈性提升不一定透過信仰。信仰是個人的選擇，信奉哪個神也是緣份。因為痛苦才去信神是低層次的信仰，雖然也不壞，不過小心誤入迷信，跟求簽問卜沒分別。

有了信仰不等於不再痛苦，反之，那是學習接受痛苦，轉化為愛(正面能量)的過程。只在意壓抑欲望、歪念和情緒的話，你將無法馴服自我，最終不會得到解脫，你會在諸多壓抑下失去人性。

你只能接受所有發生在自己身上的東西，包括欲望、惰性、軟弱和貪念。**人要在全然接受**自己後才能放下執著，轉化能量提升自己，不然，你只能抱著恐慌和焦慮去信神，助長心魔。

別搞錯，消滅心魔不是神的工作，而是人的責任。

我們要覺知、接受、放下、提升，為自己的行為、想法和感覺(情緒)負責任。當我們的心能安定下來，變得成熟平靜時，神聖才在我們內心呈現，信仰才開始產生意義。在這以前，它只不過是迷信和執著。

入心的平靜

「信仰和心魔」一文發表後，很多讀者來信表示很認同「消滅心魔不是神的工作，而是人的責任」一句。

讀者中有些是信佛的，有些是信基督，有些信其他宗教，他們的共通處是他們的能量很正面，明白愛的入口和出口都是心，明白信仰不是迷信或者轉嫁責任的手段，而是學習放下執著和面子、下放自我、觀照和管理內心正邪兩面的能量。不同宗教之間毋須互相否定，應該先修好自己，不落縱慾，愛便是所有信仰的出口，內心的平靜自會慢慢滲入心坎，堅定不移，世界自會達到和平。

信仰若需要靠硬銷是很浮淺的作業，硬銷宗教的人，他們的心可能比其他人更不穩定更壓抑。信仰開放的人，不會強加自己的想法和信念在別人身上，甚至不會隨便把宗教掛在嘴邊，而是身體力行，低調優雅，心定神閒，眼睛會發亮，感染力很強。所謂見證或修行，能在這些人身上瞥見得到。他們臉上自然流露著 平和和微笑，或許會介紹你聽怡人的音樂，看跟你談發人深省的書或電影，甚至不說甚麼，帶你到山間走一趟，流汗便是聖洗，救贖彼此過份緊張壓抑的靈魂。他們都是優秀的情緒治療師。

我的弟弟是基督徒，從來不說教，卻組織樂團以音樂感染愛。出CD、出樂譜，不亦樂乎。入心的信仰，從不靠說服。

你還能相信誰

香港某週刊替我造了個人訪問，出來的東西滿篇歪理，我已在個人網站上登了更正版，惹來讀者群起嚴厲批評傳媒的誠信和低劣的作風，有讀者痛心地問我：如果我是妳，我以後還敢相信人嗎？

我寧願相信每個人都不是立心邪惡的，我會繼續相信人，因為即使出了狀況，最終受害的不是我。被扭曲的不是我，而是記者自己的心。

我還是願意相信訪問者是有誠意的，只是她也無奈地為了工作trade off(出賣)了自己的尊嚴和靈魂，這，不正是很多上班族如你我每天要面對自己的生計和人性困局，希望放下一切出走的原因嗎？工作令人不得不選擇委曲求存，能不為五斗米折腰的人有幾個？

但結果是你要扭曲自己的人格，不擇手段的話，這便是你自己選擇的孽，責任不能推卸。工作是你選擇的，總有其他能令你維護尊嚴的機會。有理想的人，會在堅守個人原則下謙遜自己，找工作養活自己兼貢獻社會。

一切都是自己的選擇，不要埋怨人在江湖身不由己。

有位讀者回應得很有深度：修養自己的品德和建立自己的原則，不是為得到別人的信任和尊重，更重要是你可以信任和尊重自己。

值得大家自勉。

別為世界增添垃圾

總有戀人藉著借別人的關愛，養活自己的任性。像A，一心要嫁個對自己千依百順，讓自己變成公主的男人，最好能製造花費上億的婚禮的虛榮。對愛情滿腦子不切實際的幻想本來只是個人的事，甚至無傷大雅，但她卻希望全世界為她改變遷就她，要求愛人永遠不變，不要讓她夢醒和長大。她甚至連同性朋友找到自己的戀人而少花時間陪她shopping也會妒忌，活著徹頭徹尾只想到自己，把所有人放進自己的世界裏佔用和剝削，借愛情圖利。

像她活得這樣霸道的女子，沒資格被愛，只會帶給別人麻煩。

我們即使無法為世界貢獻甚麼，也別為它增添垃圾。

我們沒資格要求別人把自己當作生命的重心，在要求別人這樣那樣前，不妨先反問自己，你到底有哪些地方值得別人對你寵愛和忠誠，付出和照顧呢？

愛是講求質素的心靈修為，不只是互相陪伴逃避苦悶的社交活動。要被愛，也得先擁有能被愛的條件，那是平等和分享的心。

大方的心才是最後的贏家，吝嗇的心只會令你越來越小家，怨天尤人，最終得不到快樂。

80歲的美麗

晚上經過油麻地街市，先是看到一大堆青蔥，上面放著「一元一札」的紙牌。再看到一對佈滿皺紋的手，靈巧地從一盤冷水中掏出洗淨的香茜。

嚴寒月缺的晚上，婆婆穿得不多，彎背默默地幹活。我還在想她怎能賣掉這些到明天便會失去青春的香蔥？可婆婆似乎不在乎，只管把事情做好。

問她不怕冷嗎？她豪氣地說：「怕甚麼，我的手還在浸水呢！怕甚麼！」

問她多少歲？她倒像少女帶著微微的靦腆反問我她看似多少歲。旁邊熱情的檔主說：「她已80了，每天工作十多小時，特首應該來探望她，頒獎給她，以示尊敬這位了不起的香港人。」

她說：「我一條白髮也沒有，信不信？」隨即把小冷帽瀟灑地脫掉，露出烏黑凌亂、性感佻皮的短髮。我差點哭了。這頭短髮，正是我曾在小說中形容過的18歲自困女孩的短髮，女孩像還年輕的、恐懼老去的我們一樣，執著愛慾生死。不怕冷的賣葱婆婆，卻已走到不為甚麼，沒怨沒怒的生命境地，活著便是達命，純粹默默地幹活，把事情做好，為自己的黑髮和耐冷自豪。

我們都沒有婆婆活得堅強，還害怕面對生活，害怕不知如何打發的晝夜，害怕沒房子沒車沒愛情，耗損青春能量，只剩下虛弱的自尊，因為我們不敢承擔由18歲活到80歲之間要面對的無常。

為了80歲婆婆，我們都應該好好活下去。

尊嚴便是快樂

佐敦街角冷冷的夜，站著一個披著厚毛毯，倚在數袋隨身行李上打盹的流浪漢。走近時他露出門牙剝落不少的善意笑容，臉上沒找到自覺被世界遺棄的絕望。

身旁的攝影師朋友讚他很美，誠懇地說要拍他，他大方說好，說很喜歡拍照片，興奮地整理了冷帽，擺出像鄉村孩子充滿期待和熱熾的面容。啊，他的眼睛很清白。

問他為何會流浪街頭，他說際遇問題失業了，以前做過辦公室。問他若再有機會是否願意工作，他說當然願意，有機會的話一定會努力做好。

跟他聊了很久，發現他很斯文，每句話也很正面，沒有怨氣，反而會說鼓勵的話，笑得很燦爛，沒有提出任何要求，純粹跟陌生的我們分享一點時光。

路人漸漸靠近，大概沒想過為何我們可以跟這個流浪漢談得那麼親切那麼久，本來沒有人會多瞟一眼的、卑微的流浪漢，因為這段交談，竟讓不少路人注足靠近，不為獵奇，而是帶著接納和微笑，轉送交感關懷的溫度，甚至有加入交談的路人。

最後我們小心問他是否需要一點錢，他說不需要，會自己照顧自己。我們知道不能為他做甚麼，買了一點熱食給他，希望他有個溫暖的晚上。他熱熾地接受，說了很多次多謝。

不論活成怎樣，人都應該被尊重，懂得自重。維護尊嚴便能自足快樂，感染能量。

我們同是施者和受者。

凡人走凡人的路

客人B失戀找我治療。通常我會叫客人先試我教的方法，不要馬上判斷是否收效，留有治療冷靜期，當心一旦重執正面能量後容易引起的「好轉反應」(healing crisis)，讓你有重墮舊患的表徵和假象。

一星期後她說：「我樂觀了不少，靜心過後，發現凡事原是一體兩面或多面的，之前沒發現問題，只是自己沒看到而已。雖然現在還會想起舊愛人，有時仍然感到痛苦，昨晚才想過自殺，想起每段關係都失敗便想死，覺得生命極荒謬，浪費掉那麼多時間才明白所謂愛其實從來未存在過，只是構想愛過罷了！不過立即看穿原來自己正在思想愛和痛苦，馬上便笑了。

觀照自己的方法真的很管用。不過問題是，能做到放下後，還剩下甚麼呢？只有空洞和無邊的空虛嗎？我只是凡人，怎能做到成佛？」

沒有人需要成佛，我們只管做個合格的人便行了。成佛成聖只是妄想，自療的重點不是成佛，別把自己變成無欲無求的聖人。

量力而為，看清楚此時此刻自己的路向便行了。人生每段歷程都有不同的變化，機遇也不同。這段感情歿落了，還會有另一段感情，另一種體驗，讓進步變成可能。

路的盡頭是哪裏根本不重要，不管你是否有來世，此生怎樣死去，不要計算命運。每個人都要走上修補自己的道路，走凡人要走的路便行了。

別跟自己過不去

春天濕翳讓人心情不好，容易煩躁疲倦，中醫說是肝動的季節，而肝又影響情緒。理雖如是，我們卻明白一個道理：天氣可能是鬧情緒的原因，卻不是藉口。

我們也知道心怎樣想，世界便變成怎樣，自己才是一切發生的導演和編劇。

讀者E來信說：「這幾天對誰都想發脾氣，工作壓力大，每天睜開眼都是為了錢，匆匆忙忙，戀愛也發霉了。有時覺得活著很機械，不停的轉呀轉，當某天停止時，也是生命結束之時了。

不過某次到海邊，極目一望無際的大海，感覺自己像與天連接在一起。那海藍令心滲透著清涼。閉上眼睛，感受風飄來的海水味道，突然感到自己變輕了，自己只不過是海裏的一滴水珠，微不足道，出現和消失也不會地動山搖。原來自己在這世上是那麼的渺小，一切想法都太沉重了，只有自己騙不了自己。此時此刻，海闊天空，甚麼都過去了，想開一點，別跟自己過不去。」

好一句「別跟自己過不去」，原來我們一直跟自己作對。

很多人問怎樣才能做到不再計較，悠然自得。人有很多限制，不妨借助大自然強大無私的能量，重振生命的激情。別讓我們的心沉睡和硬化，麻木不仁，必須重新啟動。心一旦軟化，心眼便會扉開，心態會改變，世界也會改變。曾經介意、放不下的種種緣與孽，頓即煙消雲散。

人生，不過如此。

人，必須長大

D說活得很不開心，失戀多年還沒有男朋友，也沒有知心朋友，工作待遇一份比一份差，覺得自己好討厭，像被世界遺棄掉。有想過結束生命，但又害怕因為自殺而不能投胎，問我怎麼辦。

想自殺但怕不能投胎，正是很多人鬧死的搞笑吊詭。

對生命不滿又留戀，捨不得離開，為怕另一個世界可能更痛苦。

像很多人明知戀人不可取，卻死執不放手，墮進了害怕再遇上的可能比現任更壞的假邏輯。

這是理性與迷執之間明顯的斷層，也正是這斷層擾亂心智鬧情緒病。厭惡的同時又捨不得放手，我們到底要怎樣才滿意呢？

情緒病態的特徵是反智、重複、放縱和逃避。搞不清楚不斷埋怨的目的，不在乎持續沉溺是否對自己好，因為說實話，陷入痛苦比尋求進步更容易，雖然吊詭地，受苦會令自己很辛苦。

天，翻來覆去，思前想後，還是兩個字：懦弱。

我們都瞧不起懦夫，偏偏陷入情緒低谷的特徵便是讓我們徹頭徹尾變成懦夫，失去尊嚴。費盡精力侍奉亂七八糟的思緒，一世便這樣流過。

人生到底為何？

人，必須長大。生命和愛的條件，便是勇敢和承擔。

把心情轉一轉

K是個17歲便跑出來工作的女子，很早已明白人情冷暖，每個人都為別人而活，為討好別人小心說話。她眼中的職場女人更是好說是非族，情緒管理差勁，心胸狹窄，腦袋長期儲存負面能量，傳染自己和公司上下。她覺得應先做好自己的本份，不想把別人的不是放在心裏，即使有多生氣，抒發了便算，不多想其他，怕想得多心會生病和受傷，自作自受。

她說：「今早我又受到同事冷語的對待，當時還是有點介意，感到生氣，但下午我已讓自己忘掉，原諒了對方，心裏竟然感到無比的快樂。原來放下是多麼的容易，我相信日後再被別人傷害，也可以用寬裕的心去原諒更多的人了。今天遇到不開心的事，我把心情轉一轉，換個情緒去面對，也可以將不快變成快樂事！素黑，人生原來可以有很大的樂趣呢！」

K的分享給我們很大的啟示。

誰都明白把心情轉一轉便能改變情緒，大事化小，可問題是我們都寧願死抓住壞心情不肯放下，原因是壞心情的人特別容易吸引別人的安慰，或者不敢招惹，既可自保，也可得到垂憐，這樣我們將不會孤獨，也不容易受傷害。於是，每個人都把自己的心情變壞，換來安慰或自保。

K卻選擇了相反，因為她比其他人勇敢和堅強，所以她能得到發乎內心的快樂。

放下很簡單，在乎你是否捨得。

愛＝緣份＋智慧

Ｂ為男友掏盡所有感情，失重跌墮，蒸發了能量，卻還是要在聖誕節分手，痛到死去活來。可幸還有明澄的心看清楚問題。本來便是彼此對愛情觀念存在重大的差異：一個還想遊戲情慾海，一個專情想要穩定的家。

這是愛情的現實：你為愛付出的努力，並不保證對方必然的理解和領受。因此，對方可有許多理由不懂得珍惜你，或者漠視你的付出。

愛情沒有福德一致的回報，正如人生一樣。雙方要同行的話，需要結合情緣、時緣和愛的智慧。也許某天，當對方多走了幾步，才能看得懂你今天的眼淚。

戀愛中不一定有幸能彼此適時瞭解和被瞭解，更重要是能包容彼此的步伐，接受各自現在和將來的變化，願意良善地一起走，互相關愛。

面對暫時沒緣份和諧相處的愛人，別著意耗損心力為愛解釋或努力，反而應保存愛的能量，先愛惜自己，珍重自己，愛的信仰便不會丟，也不怕失去。

怕消失的，都未嘗擁有過。

愛，從來是活下去的希望種籽，需要勇氣。先安定自己的心，才有力量創造和體味屬於自己的幸福。

這樣愛，很好

出走到京都的山林，純粹地走了幾天路，這是我的修行方式，懷疑前世是苦行僧。

雖然出發前知道由起點到終點有多遠，可走在路上才知原來對前路掌握得很少。明明800米的中段幾十分鐘應走完，最終可以走上個多小時筋疲力盡。艱苦走過一個山脈，以為最艱難的路應已走過，誰知一山還有一山高，山坡一段比一段險峻，不相信自己真有本事走過去。

面前盡是崎路，卻已沒有回頭的餘地，回路比繼續更艱難。只能向前和面對。你可以放棄，但停下來便是絕路。

人在山頭是最孤單的存在狀態，身處高峰，四周只有樹木和靜謐，剩下連生物也遺棄的孤寂。再累也要堅持走下去，**信念便是**出口。

好不容易走到山溪和小生物再度出現的山腳盡頭，回望高處的山嶺才震驚：居然有毅力走過連綿不絕的山脈，由一個縣走到另一個縣，真的不可思議，像同樣傳奇的人生。

走山路是最好的自療方式，是身體和意志的純粹鍛煉，超越時間，沒有思想餘地，連生死愛慾都遺忘。求生、走下去的意志，是你唯一的伴侶。

純粹地走下去。

這樣愛，很好。

○

這樣愛，很好
Love Is A Blessing

COGNIZANCE PUBLISHING

作者
素黑

責任編輯
尼采

美術設計
The Bubbles

攝影
鴻飛

出版者
知出版社
香港英皇道499號北角工業大廈18樓
營銷部電話：(852) 2138 7961
網址：http://www.formspub.com

發行者
香港聯合書刊物流有限公司
香港新界大埔汀麗路36號
中華商務印刷大廈3字樓
電話：(852) 2150 2100
傳真：(852) 2407 3062
電郵：info@suplogistics.com.hk

承印者
美雅印刷製本有限公司
香港九龍觀塘榮業街6號
海濱工業大廈4樓A座

出版日期
二OO七年六月第一次印刷
二OO七年七月第二次印刷
二OO七年九月第三次印刷
二O一O年十二月第四次印刷
二O一二年九月第五次印刷

ISBN978-988-19303-7-8
Published in Hong Kong

上架建議：(1)兩性情感 (2)心理勵志 (3)流行讀物

素黑

最放不下愛

經已再版

知出版社
COGNIZANCE PUBLISHING